SOSA

UNA AUTOBIOGRAFÍA

SOSA

UNA AUTOBIOGRAFÍA

Sammy Sosa

con Marcos Bretón

WARNER BOOKS

A Time Warner Company

Copyright © 2000 por Sammy Sosa
Traducción en español copyright © 2000 por Warner Books, Inc.

Todos los derechos reservados.

Warner Books, Inc., 1271 Avenue of the Americas, New York, NY 10020

Visite nuestro sitio web: www.twbookmark.com

A Time Warner Company

Impreso en Estados Unidos de América

Primera imprenta: mayo 2000

10 9 8 7 6 5 4 3 2 1

ISBN: 0-446-67698-5
LCCN: 00-101464

AVISO A COLEGIOS Y EMPRESAS

Los libros de la editorial WARNER se pueden conseguir a descuento si los piden en volumen para usos educacionalescomerciales o promocionales. Para más información, por favor escriben a: SPECIAL SALES DEPARTMENT, WARNER BOOKS,1271 AVENUE OF THE AMERICAS, NEW YORK, NY 10020

Primero que nada debo agradecerle a Dios, que me dio la vida, me suple los talentos y me enseña cada día hacerme más humilde. A mi adorable y venerable madre, a quien le dediqué 66 besos in 1998, que nadie puede romper ese récord. A mi esposa, por su constante fe y su paciencia y por haberme dado mis cuatro hijos—la fuente de mi inspiración. A todos mis hermanos y familiares cercanos, que siempre han estado conmigo. A mi hermano y amigo, Domingo Dauhajre, su esposa Yanilka y su bella familia. A mi agente Adam Katz, Bill Chase y su esposa. A los ejecutivos y staff de los Cachorros, Larry Himes, Héctor Peguero, Amado Dinzey y Omar Minaya. Y a mis admiradores, en todas partes.

—Sammy Sosa

A mi esposa, Jeannie. No hay palabra, ni en inglés ni en español, que pueda describir lo que significa para mí.

—Marcos Bretón

Índice

SOSA

UNA AUTOBIOGRAFÍA

Introducción

¿Quién es Sammy Sosa?

¿Cómo se convirtió en una figura internacional? ¿Cómo ha escalado hasta la cima en los años posteriores al mundo deportivo de Jordan, tanto en Chicago como en todo el país?

Es increíble pensar que, al parecer de la noche a la mañana, Sosa ha trascendido el deporte. De repente está encendiendo el árbol de navidad junto al presidente Clinton luego de haber sido mencionado y vitoreado durante el discurso del Estado de la Unión.

Poco después vemos a Sosa en innumerables anuncios de televisión, alabando las virtudes de su República Dominicana.

Cuando el Primer Ministro de Japón visitó Chicago, ¿quién fue la primera persona que quiso conocer?

Sosa.

Al preguntarle a principios del 2000 a George W. Bush, Gobernador de Texas, candidato presidencial y ex gerente general y socio de los antiguos Vigilantes de Texas, sobre su mayor pesar, contesta: "Mi mayor error fue haber canjeado a Sammy Sosa."

Increíble. Sobre todo considerando que en la primavera de 1988 Sammy Sosa era poco conocido en el mundo del béisbol. Muy pocos fuera del deporte habían oído hablar de él y, para ser sincero, era un enigma para sus allegados.

Sus detractores lo llamaban "Sammy So-So". Se cuestionaba su habilidad. Se lo consideraba un jugador de nivel medio que nunca había figurado en el indicador de fama del béisbol: el voto para el Juego de las Estrellas. De hecho, en 1996 Sosa era el líder en jonrones de la Liga Nacional durante el descanso de las Estrellas, pero no inspiraba el suficiente respeto como para pasarlo al equipo de reserva. Se quedó en casa.

De 1993 a 1997, Sosa logró discretamente grandes marcas, pero hasta sus jonrones y bases robadas fueron cuestionados y, a veces, descartadas las pocas veces que logró ser el centro de la atención nacional.

"¿Números? Seguro, Sosa los tenía. Así como World B. Free, Eric Dickerson e Imelda Marcos", escribió Tom Verducci de *Sports Illustrated*.

Creado en parte por las cómodas dimensiones del campo de Wrigley, el notoriamente indisciplinado Sosa consiguió en sus primeras nueve temporadas casi el mismo número de ponchazos que de hits. Su temporada de 1997 fue probablemente la peor registrada por nadie con 36 dingers y 119 carreras impulsadas. Detrás de esa impresionante apariencia, Sosa pegó mal con corredores en posición de anotar (.246) y ponchaba casi automáticamente (.159), más que nadie en la Liga Nacional.

Con este tipo de publicidad no es de sorprender que Sosa asombrara a todos cuando él y no Ken Griffey Jr., se colocó a la par de Mark McGwire en la gran prueba de los jonrones de 1998.

En aquel momento, al tiempo que los jonrones empezaron a volar también lo hicieron las preguntas.

Cuando Sosa se convirtió en el primer jugador en la centenal historia de este deporte nacional en pegar 20 imparables en un mes—junio de 1998—todos se preguntaban: "¿Cómo logró hacer eso?"

Cuando Sosa continuó con McGwire hasta agosto, la pregunta era: "¿Cuándo decaerá el ritmo de Sammy?"

Cuando McGwire sobrepasó por primera vez el récord de Roger Maris de 61 jonrones en una temporada y Sosa lo igualó, la gente preguntaba: "¿Cómo puede Sammy manejarlo todo tan bien?"

Y finalmente, cuando Sosa terminó su increíble año con 66 jonrones—cuatro menos que McGwire—pero asegurando a su equipo, los Cachorros, un puesto en los juegos de postemporada y el trofeo al Jugador Más Valioso, el murmullo era: "¿Cómo logró Sammy convertirse en tal estrella?"

En el caso de Sosa, esa demasiado usada palabra le pertenecía, no sólo por lo que logró en el terreno de juego sino por su comportamiento fuera de él. Al comenzar el siglo XXI exigimos mucho de nuestros ídolos: tienen que ser buenos, fotogénicos, amables, decir lo debido y evitar problemas.

Dennis Rodman nos entretuvo un rato, pero ese comportamiento de niño malo enseguida se pasó de moda, y no vendió más a que a unos pocos.

Sosa sí. Él es un fenómeno porque logró algo grande, tanto en el '98 como en el '99, pegando 63 jonrones; es decir 129 jonrones en dos temporadas. Y mientras tanto se divertía. Era accesible a las masas que compraban las entradas, comportándose como todos esperamos de nuestros ídolos. Los ejemplos son como una orientación filmada, una guía de cómo los deportistas deben conectar con sus admiradores que los hacen increíblemente ricos. ¿Recuerdan cuando Sosa corrió del jardín derecho para abrazar a McGwire luego de que Big Mac rompiera el récord? ¿O esa constante sonrisa?

En poco tiempo, Sosa se convirtió en el antídoto vivo contra el tóxico pasado reciente, en especial por la huelga del béisbol de 1994 que suspendió la Serie Mundial. Y en este proceso, Sosa adquirió un atractivo que va más allá del deporte. Créanme, lo he comprobado.

El pasado mes de noviembre estaba esperando a Sosa y a su séquito en un restaurante de moda de Miami, un lugar deslumbrante conocido por ser frecuentado por artistas de Hollywood, magnates del cine y titanes de la música. Era una maravillosa noche en South Beach y el lugar estaba repleto de gente guapa, gente rica, gente a la que es difícil impresionar. Sin embargo Sosa entró, vestido con un exquisito traje azul, y paró el tráfico. La gente que había estado esperando toda la noche para poder entrar pudo ver cómo Sosa, su agente Domingo Dauhajre, sus dos hermanos y tres guardaespaldas fueron acompañados casi de inmediato a una mesa en medio del salón.

Para Sosa no habría salones privados. Quería estar entre el público. Y con música tecno vociferando de fondo, un inagotable grupo de admiradores empezó a acercársele. Los consumidores sentados en la barra, tan fríos y distantes antes de que llegara Sosa, de repente lo saludaban como si fueran colegiales de excursión al Wrigley Field. Hubo un momento en que un artista se le acercó con una pintura horrible y no quería irse sin entregársela.

Sorprendentemente, Sosa le indicó a su gente que lo dejaran pasar. De repente, apareció una cámara de vídeo y su dueño le preguntó a Sosa si quería posar para patrocinar el lugar. La respuesta fue no. ¿Por qué? Porque Sammy tiene su propio restaurante en Chicago y no puede ir patrocinando otros lugares. Los negocios son negocios.

¿La típica fascinación de los americanos por los famosos? Desde luego que no.

Piénsenlo. Como americanos, ¿a cuántos jugadores extranjeros hemos de veras adorado y vitoreado de la forma en que lo hacemos hoy con Sosa ? ¿A cuántos?

A Hakeem Olajuwon se le respeta y admira. Pero ¿quererle? No fuera de Houston. Cada cuatro años algún olímpico foráneo logra nuestro esporádico interés, pero después se desvanece y olvida. Pelé motivó algunos titulares en los años setenta y era admirado por algunos, pero al menos en este país su fama no fue como la de "Slammin Sammy".

Ni el difunto y monumental Roberto Clemente—el mejor jugador latino de todos los tiempos—disfrutó de la fama y el respeto que le llegaron sólo después de fallecer en un accidente de avión, después de la temporada de béisbol de 1972.

Antes de Sosa, nosotros los americanos, en nuestra creencia nacional de ser los mejores, nunca habíamos realmente aceptado y acogido a los más altos niveles de la fama y el estrellato a ningún deportista extranjero. No deja de tener importancia que Sosa nos cambiara en esto.

Dicho claramente, Sosa vende en Peoria y en cualquier parte. Las empresas de mercadeo más grandes de Estados Unidos ven en el nombre de Sosa una marca registrada de gran valor. A Sosa le llueven invitaciones para cualquier acontecimiento, en Estados Unidos y en República Dominicana. Todo el mundo quiere un pedacito de él, es un jugador de béisbol de portada de revista. Y también es dominicano y negro. Eso, en mi opinión, es un progreso; recuerdo que no hace muchos años los mejores jugadores latinos de las Grandes Ligas se sentían como ciudadanos de tercera clase en el "deporte americano".

Pero ahora es mundo nuevo y decidido.

No se confundan, muchos de sus admiradores siguen a Sosa por razones que no tienen nada que ver con el béisbol.

Recuerdo estar en Seattle en julio del '99 en la Conferencia de Unity—la mayor reunión de todos los tiempos de periodistas latinos, afroamericanos, asiáticoamericanos y americanos nativos. Allí, una líder americana nativa me dio la mano y dijo: "Me encanta Sammy Sosa. En 1998, cuando se peleaba por el récord, toda mi gente estaba con él".

Ella quería decir esto: los logros de Sosa han inspirado a la gente marginada, esa gente pudo ver cómo los americanos abrazaban a alguien de otra cultura.

Añada a esto la atracción que tiene para el público en general, y el resultado es un astro que se acaba de mudar a una casa valorada en 5 millones de dólares, al que adoran en su país como si fuera un ícono, y que a los treinta y uno está en su mejor momento.

Como todos los que alcanzan la fama de la noche a la mañana, Sosa ha tenido sus galones en la vida, pero cuando la fama lo llamó, había recibido golpes, había saldado sus deudas, cometido errores y aprendido de ellos.

La prensa y algunos compañeros le acusaban de ser un jugador "egoísta". Justo o no, ese calificativo había perseguido a Sosa durante más de sus ocho temporadas en las Grandes Ligas, hasta que llegó el año 1998. En ese momento, Sosa todavía portaba la etiqueta de un jugador con potencial en los noventa, el hombre que inspiraba el tipo de venerables pronósticos tan típicos de este deporte. Acaso ¿no es la eterna promesa de la primavera parte de la atracción de nuestro pasatiempos nacional? ¿No significa abril en Estados Unidos el descubrimiento anual de "la próxima figura"?

La gente ha estado exigiéndole esto a Sosa por años. En Chicago, en los noventa, el verano siempre significaba dos cosas: los hinchas en las gradas de Wrigley y un artículo firmado por el escritor del Salón de la Fama, Jerome Holtzman, diciendo que Sosa estaba al borde del estrellato.

El clamor comenzó rápidamente. Sosa fue designado para ser un grande cuando todavía era un chiquillo, pocos años después de vivir en gran pobreza cuando a duras penas aprendía a jugar al béisbol y mucho menos dominaba el inglés.

Sammy llegó a las ligas mayores a la tierna edad de veinte años, a principios del verano de 1989. Tenía una gran sonrisa, un brazo poderoso, un bateo salvaje y una actitud atrevida que, mezclados con rachas de brillantez daban un nuevo fenómeno.

Pero las aclamaciones fueron pasajeras y para algunos, el potencial no llegaba a materializarse del todo. Entonces, a juzgar por los recortes de periódicos, Sosa fue víctima del lado opuesto de la esperanza de primavera: la calurosa luz encegecedora de las esperanzas veraniegas sin realizar. En ese momento el Sammy "So-So" se apoderó de todo. Y no era porque no hubiera hecho grandes cosas: en 1993 había convirtido en el décimo jugador de la historia de la Liga Nacional en batear más de 30 jonrones y robar más de 30 bases en una sola temporada. En 1995 lo logró de nuevo, encabezaba la liga con juegos, era parte de las Estrellas y estaba segundo en la Liga Nacional en vuelacercas e impulsadas, con 36 y 119 respectivamente.

Pero ponchaba demasiado. Falló 135 veces en 1993, y 134 veces en 1995 y 1996. Además, la primera gran temporada para Sosa, 1995, llegó al año siguiente de la paralizante huelga de béisbol que mantuvo a los enfadados hinchas alejados del béisbol. Al mismo tiempo, Sosa se estaba convirtiendo en quien es.

Las expectativas de la temporada de 1996 no eran mucho mejores, pero Sosa continuaba progresando, realizando grandes avances sin aspavientos. ¿Recuerdan? Ese fue el año en que el gerente de los Bravos de Atlanta, Bobby Cox, sacó a Sosa de la alineación del Juego de las Estrellas pese a haber logrado a mitad de temporada el primer lugar de la Liga Nacional en jonrones.

La mala imagen de Sosa en aquel entonces era parte de algo más grande: la falta de reconocimiento al dominio latino y la aceptación de los jugadores latinos en las Grandes Ligas del béisbol.

Antes de 1998, los jugadores latinos tenían una larga histo-

ria en el juego y estaban alcanzando grandes logros en los
años inmediatamente anteriores y posteriores a la huelga de
1994. Juan González, el compañero de Sosa de las ligas
menores, disparó 43 jonrones en 1992 y 46 en 1993. Y en
1996, González fue el Jugador Más Valioso de la Liga Americana; y no sería la última vez que lograra este honor. Robby
Alomar, de Puerto Rico como González, se convirtió en el
mejor segunda base del béisbol mientras ayudaba a su
equipo, los Azulejos de Toronto, a ganar dos Campeonatos
del Mundo consecutivos: en 1992 y 1993.

Otros jugadores latinos, como Rafael Palmeiro e Iván Rodríguez de los Vigilantes de Tejas, y Andrés Galarraga, entonces de los Rockies de Colorado, lograron buenas marcas.
Pero todos estaban en la misma situación que Sosa. Se les respetaba por su talento y se les remuneraba muy bien por sus
servicios, pero sus nombres no sonaban fuera de sus corre-
spondientes ciudades. En 1993 González me dijo: "Con mis
marcas, si fuera norteamericano mi nombre se conocería en
todas partes".

Las barreras del idioma también han tenido mucho que ver
con este fenómeno. El béisbol, más que cualquier otro deporte, se ha mitificado a través de la palabra escrita, es un
juego que depende de la buena crónica.

Para los jugadores que no dominan el inglés tan bien como
la esquina exterior del plato, significa poco espacio en los periódicos, pocas peticiones para hacer publicidad, menos
tiempo en televisión, poca visibilidad.

Clemente protestaba amargamente contra los reporteros
y columnistas en los años sesenta y principios de los setenta, denunciando su silencio y hasta hostiles reacciones a
sus demandas de que reconocieran lo que era: uno de los
jugadores más grandes de cualquier generación. Y después
de la muerte de Clemente, la penosa situación de los jugadores latinos en Estados Unidos se mantuvo mayormente

dentro de la fraternidad de los jugadores de béisbol extranjeros.

Eso todavía era una realidad cuando Sosa—seleccionado Jugador del Mes de la Liga Nacional, con un promedio de .358 en 26 juegos, logrando 22 carreras, 10 jonrones y 29 impulsadas—estaba ese mismo julio del '96 en su casa, mirando el Juego de las Estrellas por televisión. Y de regreso al campo de juego después de este desaire, Sosa continuó donde lo había dejado—y se dirigía hacia un año increíble. Con sólo seis semanas en la temporada, Sosa era el líder de la Liga Nacional con 40 jonrones.

Cincuenta vuelacercas, o más, era una meta realista que lo habría colocado en otro nivel de fama y respeto—porque 50 jonrones en una temporada siempre ha sido asociado con ser grande. ¡Increíble! Hank Aaron—el mejor jonronero de todos los tiempos—nunca disparó 50 en un año.

Pero el 20 de agosto de 1996, Sosa recibió un pelotazo en la mano por el lanzamiento del jugador de Florida, Mark Hutton. Se rompió un hueso y no pudo hacer más por el resto del año.

Aunque se le negó la oportunidad de juntarse con la elite del juego, Sosa seguía construyendo lo suyo. En 1997, después de cuatro sólidos años, los Cachorros lo recompensaron con un contrato de 42.5 millones de dólares. Esto no fue bien recibido ni por sus seguidores ni por la prensa deportiva, que aunque reconocían el talento de Sosa—había logrado 36 jonrones y 119 impulsadas en el '97—les disgustaban otros aspectos de su juego.

A fines de la temporada 1997, Sosa era criticado por su propio gerente con acusaciones de que anteponía sus marcas a las necesidades del equipo. Herido por las críticas, Sosa llegó a 1998 listo para marcharse. Tenía dinero, tenía la experiencia y conocía la parte negativa de la cobertura periodística; además, tenía la disciplina de alguien dispuesto a aprender de sus experiencias. Junto a su increíble talento en el que nunca perdió la fe, Sosa explotó.

Estados Unidos nunca había visto algo como él y la nación no estaba preparada para ver volar los vuelacercas del estadio Wrigley. Pero más importante fue que Sosa sí estaba listo para nosotros. Cuando nos quisimos dar cuenta de que algo especial estaba ocurriendo en la Avenida Waveland, Sosa estaba esperándonos con esa sonrisa tan suya.

Entonces Sosa nos mostró esa cualidad que necesitan todos los astros: la magia. Para mí, una noche se destaca. El 16 de septiembre de 1998 estaba en San Diego, cubriendo el fenómeno Sosa para mi periódico, el *Sacramento Bee*. Unos días antes, Sosa había sorprendido a la nación igualando a McGwire con 62 jonrones justo después de que éste rompiera el récord de Roger Maris. ¿No pensamos todos que la contienda había terminado cuando McGwire abrazó a los hijos de Roger Maris?

Pero esta noche delante de un Qualcomm Stadium repleto hasta la bandera, Sosa estaba de nuevo detrás de McGwire: 63 a 62. Éste era el tercero de cuatro partidos entre los Cachorros y los Padres, partidos en los que cada turno al bate de Sosa provocaba que millares de espectadores se levantaran al unísono y vitorearan, como en las películas. Y cuando le tocó de nuevo el turno en la octava entrada de la noche del 16 de septiembre, Sosa había jugado bien y pegado mejor, pero no había logrado lo que ansiaban todos: disparar un jonrón.

Este juego en particular era crucial para Chicago porque estaba luchando por un puesto en los juegos de postemporada. Y los Padres también querían ganar porque estaban en primer lugar y querían la ventaja de jugar los juegos de postemporada en casa.

Para añadir todavía más tensión, Sosa llegó a la octava con las bases llenas y los Cachorros perdiendo 3–2.

Las más de 50.000 personas se levantaron de nuevo, gritando tan fuerte que era imposible concentrarse. Cada lanzamiento desataba una tormenta de flashes por todo el estadio. Cada golpe perdido un sorprendente quejido unificado.

Entonces Brian Boehringer de los Padres hizo un lanzamiento al plato.

Nunca me olvidaré de ese momento. Estaba parado en las gradas del jardín izquierdo y vi a Sosa seguido por el fondo de los flashes de las cámaras. Cuando conectó, miles de personas en la sección delante de la mía parecieron moverse como una sola. Los gritos de los hinchas se hicieron más fuertes mientras que la pelota navegaba hacia las gradas.

Y antes de que pudiera darme cuenta, la pelota volaba por encima mío, por encima de toda la gente en el pabellón inferior hasta el segundo nivel, a 434 pies del plato.

Un *grand slam*. El jonrón número 63.

Aunque Sosa era un jugador visitante, los fuegos artificiales iluminaron el firmamento—una demostración de alegría que aparentemente irritó a algunos jugadores de los Padres. Encima, los hinchas de San Diego no se iban a calmar hasta que Sosa no saliera de la cueva para recibir su ovación ¡en el estadio de sus oponentes!

Los Cachorros ganaron el juego 6–3 y Sosa proporcionó de la forma más grandiosa el momento más excitante imaginable cuando las cámaras se disparaban y todos lo miraban.

Nuestro deporte nacional fue rescatado del abismo por Sosa y su amigo McGwire. Como americanos hemos dado pequeños pasos hacia delante abrazando a un dominicano cuyo inglés no es perfecto. Y un movimiento en el béisbol—la aceptación del dominio de los jugadores latinos—se convirtió en una gran historia. Como Sosa contará en las páginas siguientes, el camino que tomó para llegar al lugar donde está lo distingue de otros deportistas que conocemos hoy.

Ha habido insinuaciones, vistazos del mundo del que viene Sosa. Pero nunca algo como esto. Cuando uno considera la fama y el éxito que hoy tiene y de dónde procede es fácil explicar su perdurable atractivo.

Sosa es único. Su historia es grande, y lo mejor de todo es que es real.

Y el mismo Sosa diría, el viaje está lejos de llegar a su fin.

—Marcos Bretón
febrero, 2000

1

El Viaje

La gente siempre me pregunta cómo me mantengo en forma durante el invierno cuando estoy en mi país, la República Dominicana. ¿Tengo un gimnasio en casa? ¿Contrato a un entrenador personal? ¿Practico en un diamante construido especialmente para mí con los últimos adelantos técnicos? Te puedes permitir esos lujos, me dice la gente.

Pero déjenme contarles mi secreto. Tres días a la semana, después de la temporada, salgo de casa temprano por la tarde y me encamino a un sitio especial, el lugar donde me preparo para la siguiente temporada. En este peregrinaje me acompañan mis bates, mi uniforme de los Cachorros de Chicago y todo lo necesario para practicar el arte de pegar a la pelota—una habilidad que me ha traído tanta fortuna y me ha permitido conocer a tanta gente maravillosa.

Para dar las gracias a todos ustedes que me han animado y llenado la vida con tanta alegría, les escribo este libro y los invito a este viaje. Confío en que cuando juntos lo completemos no quedará ninguna duda sobre quién soy y cómo soy.

Hago este viaje (ya les diré pronto hacia dónde) para recordarme a mí mismo de dónde provengo, qué es lo que me da fuerza y qué cosas me han hecho quien soy. Y cada vez que lo realizo, este recorrido se convierte en una celebración, no de jonrones y millones de dólares, sino de fe.

De hecho, mi vida es una celebración de la fe; fe en mis habilidades como jugador de pelota cuando ningún equipo me quería, fe en Dios cuando mi familia y yo teníamos hambre y estábamos sin un centavo. Fe en la persona más importante y más querida de mi vida: mi bendita madre, Mireya.

Alabo su nombre, me toco el corazón y le envío un beso directamente a través de las cámaras de televisión cada vez que logro un jonrón. Ese sencillo gesto es como mi distintivo, algo de lo que se habla mucho en los periódicos y en las revistas. En todos esos artículos y en la televisión siempre digo lo mismo: "Te quiero mamá".

Ese amor me ha sustentado toda la vida, desde aquel lugar que visito una y otra vez—primero cuando era un niño descalzo, ahora como una persona afortunada. Es un pueblo muy conocido para los seguidores del béisbol: San Pedro de Macorís, una ciudad de esperanza y 200.000 habitantes. Antes de que nadie hubiera oído hablar de mí, San Pedro era conocida como una increíble ciudad que daba más jugadores que ninguna otra a las Grandes Ligas. Tony Fernández, ganador de numerosos trofeos guante de oro con los Azulejos de Toronto, es de San Pedro. Pedro Guerrero, estrella de los Dodgers de Los Angeles es también de San Pedro. También son de San Pedro el ex Jugador Más Valioso de la Liga Americana, George Bell, y Rico Carty, quien fuese Campeón de Bateo de la Liga Nacional con los Bravos de Atlanta en 1970.

También el lanzador Joaquín Andújar, que ganó 20 juegos consecutivos con los Cardenales de San Luis en los años ochenta. Podría mencionar muchos más—podría formarse un equipo de primeras figuras integrado exclusivamente con oriundos de San Pedro.

Otra cosa por la que se conoce San Pedro es por la caña de azúcar. Los vendedores ambulantes venden la caña en las esquinas de las calles, cortada en pequeños pedazos empaquetados en unas bolsas de plástico que la gente compra por millares.

No hay nada parecido en el mundo. Pero almacenar ese dulce sabor y desarrollar un dulce pegar en el béisbol tiene un precio: mucho trabajo y sacrificio. Yo he pagado ese precio en mi vida. Así que regresar al lugar donde empecé es como volver al manantial para nutrirse.

Una vez allí visito a mi madre frecuentemente, en la casa que le compré—como le había prometido que haría cuando lograra alcanzar las Grandes Ligas. Pero sobre todo, regreso a San Pedro para entrenarme, ejercitarme y tomar mis turnos en la práctica de bateo. ¿Por qué? Porque no puedo concebir entrenar en otro lugar—aunque mis amigos americanos probablemente se sorprenderían de ver dónde me preparo para enfrentarme a Greg Maddux, Randy Johnson y Kevin Brown.

Es un parque donde jugaba de niño, el lugar donde mi amigo Héctor Peguero me vio por primera vez disparar un lanzamiento al jardín derecho como hago ahora en las Grandes Ligas. Mi hermano Luis me había llevado a Héctor, conocido en mi pueblo por saber mucho de béisbol. Héctor me miró, vio el poderío de mi brazo, se volvió hacia mi hermano y dijo: "Hay Comida"—lo que significaba que ese brazo podía pagar por mucha comida. Pero me estoy adelantando. Regresaré a esta historia más tarde.

A medida que nos acercamos al campo en San Pedro, me transporto en el tiempo. Cuando mi carro se acerca, contrasta con la sencillez de lo que nos rodea. Dando botes sobre una carretera de tierra que conduce a un deteriorado diamante de béisbol sin césped en el cuadro; cada vez que vengo presencio la misma escena. Corriendo a ambos lados del carro hay niños vestidos con camisetas manchadas y vaqueros cortados. Algunos gritan mi nombre: "¡Sammy! ¡Sammy!"

Llegando al terreno de juego, paro al lado de la cueva de tercera base. El terreno de juego es salvaje comparado con los diamantes de béisbol en Estados Unidos. Hay piedras por todo el cuadro. La hierba del jardín está dura y en parches. Las cuevas son de piedra y pintadas de verde, aunque la pintura está descascarada desde que yo era niño.

La malla para detener la pelota es una desvencijada cadena de hierro, y en realidad no hay gradas. El parque está en un modesto vecindario de gente trabajadora y está repleto de niños descalzos, como lo fui yo.

Hay mucha pobreza en mi país y ésta rodea el parque. Yo limpiaba zapatos cerca de aquí. Yo vivía cerca de aquí, en una casa con un dormitorio y piso de tierra, sin tuberías y sin baños. Ese tipo de vivienda no ha desaparecido con el transcurso del tiempo. La gente que siempre me espera en el parque de San Pedro continúa viviendo así. Ésta es mi gente.

Conocen mi rutina y se preparan para verme con ilusión. Igual que yo. Cuando me bajo del carro la gente se alegra, pero es respetuosa, se acercan pero no tocan, no me rodean en masa.

Una vez que llego a la cueva tengo que doblarme para evitar darme la cabeza con el techo. Entonces me pongo mi uniforme habitual: una camiseta azul oscura de los Cachorros, pantalón blanco con rayas azules y zapatos de béisbol azul oscuros.

Me vendo las muñecas como hago antes de cada juego en Wrigley y en todos los otros estadios de la Liga Nacional. Cuando estoy listo, mi viejo amigo Héctor me acompaña. Todavía sigue viviendo en San Pedro, y ayuda a los jóvenes a jugar correctamente a la pelota. Otras personas que me conocen desde niño también están allí. Pero no me llaman Sammy. Me llaman Mikey. Éste es un apodo que me puso mi abuela, que había escuchado el nombre en una novelita de televisión y decidió que a partir de ese momento yo sería

Mikey. Hasta el día de hoy, mi madre me llama Mikey. Mis hermanos y hermanas me llaman Mikey. Todos mis viejos amigos me llaman Mikey. Y todo el mundo que viene al campo de juego de San Pedro para verme entrenar me llama también Mikey.

Es un apodo que está tan ligado a mí que se ha vuelto muy singular. Todo lo relacionado con mis visitas a San Pedro tienen algo de personal y especial. Una vez vestido como lo haría para cualquier práctica en el cuidado diamante de Wrigley, me encanta correr alrededor del rudimentario diamante de San Pedro. Siempre doy una vuelta alrededor del cuadrado y después del jardín—izquierdo, centro y derecho—y de vuelta por la línea de tercera base. Cuando termino mi trote, siempre hay una multitud reunida. La gente se coloca detrás de una larga cuerda detrás de la línea de tercera base o detrás de la corroída malla de alambre.

Entonces hago mi rutina de gimnasia con mis amigos de la misma manera que lo haría con mis compañeros de los Cachorros. A continuación hacemos ejercicios de velocidad en el jardín. A veces los hago con una serie de niños que corren conmigo. La gente siempre me pregunta cómo pude mantener la concentración durante la gran batalla de los jonrones en 1998, cuando mi amigo Mark McGwire y yo nos aproximábamos al récord de Roger Maris, y con la prensa siguiéndonos como un ejército. Lo que digo es lo que diría si alguien me pregunta cómo me puedo entrenar en serio con tanta gente alrededor: tengo el tipo de concentración que puede evadirme de todo y centrarme en lo que tengo que hacer.

Aquí en San Pedro entreno duro sin importarme cuántos jóvenes aparecen, cuántos adultos luchan por mi atención, me cuentan sus problemas, me piden ayuda o me tratan de involucrar en alguna idea o detalle que tienen necesidad de compartir conmigo. Así soy, adoro estar rodeado de gente.

Pronto llega la práctica del bateo. Saco mis bates y empiezo lentamente hasta que tomo impulso, estallando jonrones y golpes por la línea que volarían la cerca de cualquier campo de las Grandes Ligas. Cuando estoy listo para el bateo, el dorado sol de mi bella isla está en su momento más espectacular. Una de las cosas que más adoro de mi isla es el clima. Con raras excepciones, la temperatura es siempre de 85° F. Creo que si el Sr. Cachorros, Ernie Bank, viviera en República Dominicana diría: "Juguemos dos, o quizás tres, todos los días".

Hoy, unos meses antes del comienzo de la temporada del 2000, las pelotas vuelan, saltan de mi bate. Me siento fuerte al comienzo del nuevo año. Y me preparo para este año como para ningún otro, porque me siento en la cúspide de mi juego.

Después de pegar mis batazos, me encanta sentarme en una silla cerca del plato y ver a los chicos del vecindario, entusiasmados y vestidos con sus uniformes de béisbol colgando de sus delgados cuerpos, practicar el bateo. Sonrío al ver cómo los jóvenes bateadores y lanzadores dan un poquito más, mostrándome lo que saben. Les doy palabras de ánimo, porque en mi juventud el ánimo no era frecuente.

Mi madre siempre me enseñó que no cuesta nada ser amable con la gente, ser generoso con tu corazón. Y de veras que pasando el tiempo de esta manera, doy tanto como recibo. Después de cada entrenamiento me siento bien y me encanta detenerme a hablar con la gente. Uno a uno se me acercan: hombres y mujeres que traen a sus niños, todos a mi alrededor posando para una foto. Hay viejos amigos que me conocían de joven y hablan de los viejos tiempos y se ríen conmigo. Sí, he posado para innumerables fotos este pasado invierno.

Esos momentos me llenan de satisfacción, porque aún me veo a mí mismo como siempre me he visto: como un ser humano, ni mejor ni peor que los demás. Creo que es por estos sentimientos y creencias por lo que la gente se siente atraída a mí. Pero lo que hoy soy, se lo debo a mi madre. Trato bien a las personas porque así me educó ella. Trabajo duro y doy lo mejor porque la vi a ella darlo todo cada día de su vida—y a ella no le pagaban millones de dólares por hacerlo. Y estoy agradecido por todo lo que tengo, porque en esta vida todo termina menos Dios—por eso hay que ser humilde y agradecido. Yo lo soy.

Se dice que los deportistas se han alejado de sus seguidores por todo el dinero que ganan. A mi modesta manera, me gustaría pensar que estoy probando que no siempre tiene que ser así.

Pronto llega la hora de regresar a casa. Cuando llegamos a la carretera, estoy todo sudado aunque mi entrenamiento no termina ahí. Como muchos jugadores de béisbol soy ave nocturna; me acuesto tarde y me levanto tarde. A veces, a la una o a las dos de la medrugada estoy en el gimnasio de mi casa preparando mi cuerpo para los rigores de la temporada de 162 juegos.

A medida que se aproxima la temporada del 2000, mis entrenamientos se vuelven más rigurosos, mi concentración más encauzada. No voy a predecir 60 jonrones ni nada por el estilo esta temporada, pero en estos momentos espero mucho de mí. Estoy en mi mejor momento. De regreso a Santo Domingo paso mucho tiempo lidiando con la apretadísima agenda que traen los muchos compromisos.

Los principales son los compromisos con mi patria, una responsabilidad que me tomo muy pero muy en serio. He hecho anuncios ensalzando a la República Dominicana por su belleza como destino turístico. He establecido una fundación que ayuda a las familias dominicanas más necesitadas. Es un trabajo de 24 horas, porque en mi país hay muchas dificultades.

Tengo otra fundación en mi país de adopción: Estados Unidos. Es lo mínimo que puedo hacer, porque Estados

Unidos se ha portado muy bien conmigo a través de los años. ¿Cuántas personas tienen la oportunidad de conocer al Presidente de los Estados Unidos y de encender el árbol de navidad nacional en la Casa Blanca y más tarde ser citado durante el discurso del Estado de la Unión? Me sorprende pensar que haya podido hacer todas esas cosas. Sí, sin duda quiero los Estados Unidos.

La luz de mi vida es mi esposa y mis cuatro hijos, que dependen de mí como marido y padre. Cuando regreso al hogar todos me esperan, junto con mis cinco hermanos y hermanas, que vienen a casa como si estuvieran en la suya. Así nos enseñó mi madre, a amarnos y a compartir los unos con los otros. Poder ayudarles a todos hoy en día a vivir mejor es una de las satisfacciones de mi vida. Todo ese amor me aguarda mientras doblo por la avenida que me conduce de regreso a casa.

Hubo un tiempo en el que no podía ni comprar un billete de ómnibus desde San Pedro hasta Santo Domingo; ahora voy y vengo entre los dos hogares—los dos extremos en mi vida—como si fuera un rey. Ha sido una larga travesía llegar a donde hoy estoy. Siempre pensé que llegaría, lo que no sabía era cómo. La travesía aún no ha terminado, claro está. Todavía queda mucho por recorrer. Pero a veces no puedo creer donde estoy, tan lejos de San Pedro, del lugar donde comencé, donde todo el mundo me conocía como Mikey.

2

Mikey

Todo el mundo sabe ahora que de niño yo era limpiabotas. De pequeño me levantaba temprano y me iba a limpiar zapatos; cuando terminaba el día, juntaba el dinero y se lo entregaba a mi madre. Mi padre murió cuando yo tenía seis años. Lo recuerdo muy poco, pero lo que sí recuerdo de él es que era el mejor de todos. Se llamaba Juan Bautista Montero. Como es tradicional en algunas partes de mi país, mis hermanos y yo adoptamos el apellido de soltera de mi madre, Sosa, después de la muerte de mi padre. Ella era todo lo que nos quedaba.

De niño me levantaba por las mañanas y mi padre casi siempre estaba sentado en la mesa desayunando. Me encantaba sentarme a su lado para mirarlo. A veces me descubría, me colocaba sobre sus rodillas y me daba de comer de su plato.

Cuando le llegaba la hora de marcharse, siempre me daba un poco de cambio para que me comprara alguna chuchería. Cuando vivía mi padre, nuestra familia tenía posibilidades de progresar.

Mi padre conducía un tractor. Su trabajo consistía en abrir surcos en el campo y preparar el terreno para plantar caña de azúcar. Mi padre no era un hombre ni grande ni fuerte, pero tenía una gran ética del trabajo.

Él era muy cariñoso con todos nosotros. Y era también una persona muy honesta, algo estoico, muy tranquilo y cuidadoso con el dinero.

Adoraba el béisbol y era hincha del equipo local, Licey, uno de los mejores equipos de la Liga de Invierno en la República Dominicana. Pero no tenía mucho tiempo para jugar; siempre estaba ocupado trabajando. Ninguno de mis familiares era deportista y la gente siempre me pregunta de dónde he sacado mi destreza. Siempre les digo que mis padres me dieron algo mucho más importante que la habilidad de jugar a la pelota. Me dieron amor y el concepto de la ética del trabajo.

Mi madre llevaba trabajando desde que era una muchacha. Su nombre es Lucrecya, pero todos la llaman Mireya. Como mi padre, venía de una familia de clase humilde y tuvo que dejar el colegio muy jovencita. Mi madre trabajó de criada, limpiando las casas de los ricos, y se casó muy joven—aunque no con mi padre. Ese matrimonio no duró mucho. Se divorció después del nacimiento de su primer hijo, mi hermano mayor Luis. Después del divorcio, mi madre se convirtió en madre soltera y trabajadora—mucho antes de que alguien utilizara esas palabras. Encontró trabajo en un pueblo llamado Consuelo y vivía sola cuando conoció a mi padre.

Mi madre dice que se enamoró de mi padre inmediatamente porque era un hombre serio y además un caballero. Se casaron en Consuelo, a unas 50 millas de Santo Domingo, en 1963. Consuelo es un pueblo pequeño y agrícola. La mayoría de la gente trabaja en los cañaverales cercanos y vive en la casa que les alquilan las compañías azucareras.

Así es como vivía mi familia. Teníamos que coger el agua de una fuente porque la del grifo no era potable. Mis padres trabajaban los dos, y mi madre tuvo cinco hijos con mi padre.

Yo llegué al mundo el 12 de noviembre de 1968 y, según dice mi madre, era un bebé robusto y saludable. Me nombraron Samuel porque era un nombre bíblico y a mi abuela materna le gustaba mucho. Sin embargo, todos los registros dicen que nací en San Pedro de Macorís, el pueblo cercano más grande. Adoro San Pedro. Es donde me convertí en lo que soy, y tengo tan buenos recuerdos que en mi nueva casa un artista ha recreado escenas del pueblo en unos vitrales.

Pero en honor a la verdad, yo nací en Consuelo. De hecho no viví en San Pedro hasta que tuve trece años. En Consuelo lo único que hacía de muy joven era ir al colegio y jugar con mis amigos. Los recuerdos que guardo de aquellos primeros días son de felicidad. Mi hermano mayor, Luis, decía que la vida nos sonreía. Que mi padre tenía su trabajo manejando un tractor y que mi madre, como cocinaba tan bien, preparaba comida y la vendía. Entre mis padres, mi hermano mayor y mis hermanas no nos iba tan mal.

Pero todo eso cambió en el verano de 1975. Mi padre había estado enfermo y se sentía muy débil. Un día, mientras estaba sentado en su tractor, le dio un intenso dolor de cabeza—sufría de migrañas. Parecía como si le hubiera dado un ataque. Lo llevaron al médico de Consuelo. Le recetaron una medicina y mi madre dijo que se sintió mejor. Pero que el médico le advirtió: "Llévese a su marido a un hospital de Santo Domingo, donde le puedan hacer las pruebas necesarias. Está muy enfermo".

Mi madre rogó a mi padre que fuera, pero él insistía que estaba bien. No creo que supiera lo enfermo que estaba, continuaba diciéndole a mi madre: "Tengo que trabajar". Y se marchaba en su tractor. Mi padre siempre tenía trabajo porque la industria del azúcar es muy importante de donde yo vengo. Y mi padre sólo tenía que mirar a todos los hijos que tenía en casa para encontrar un incentivo para seguir luchando.

Pero mi madre estaba muy preocupada. Sabía que algo no estaba bien. Un mes más tarde, algo pasó que todavía la hace llorar. Cuando cuenta esta historia, su alegre voz baja de tono y se convierte en un murmullo. Cuando habla así, sé que está recordando.

Mireya Sosa:

Era temprano por la mañana y mi marido se iba al trabajo. Era un hombre tan cariñoso, tan decente, tan trabajador. Siempre nos llevamos bien porque era muy cariñoso con los niños y conmigo. Nos comprendíamos muy bien.

Esa mañana me dijo: "Mi amor, ¿por qué no haces la cena temprano hoy? Trabajaré medio día y vendré a casa temprano para poder comer con los niños".

Le contesté: "Sí, mi amor". Se fue al trabajo, yo me quedé limpiando la casa hasta que llegó la hora de ir al mercado. Iba a preparar una gran cena esa noche. Estaba en el mercado comprando la comida cuando de repente vi que uno de mis hijos corría hacia mí. Supe inmediatamente que algo andaba mal.

"¡Mamá, mamá!", gritaba. "¡A papá le pasa algo!" Tiré la comida y salí corriendo. Fui a una clínica allí en Consuelo pero él no estaba allí. Fui a otra pero tampoco estaba en ésa. Estaba frenética. No lo podía localizar.

Lo que no sabía era que unas personas del pueblo se lo habían llevado a San Pedro, no lejos de ahí. Estaba en el tractor cuando le había dado el otro ataque. Este fue mucho peor. Tuvo una hemorragia cerebral.

Lo llevamos a Santo Domingo y lo ingresaron en una clínica. Al principio albergábamos esperanza pero se puso mucho peor. El médico nos llamó y nos dio la noticia: mi querido esposo se iba a morir.

Así que decidimos entre toda la familia llevarlo a casa, regresar a Consuelo para que, al menos, pudiera morir en su propio hogar. Estuvo acostado un rato y reuní a mis hijos a su alrededor. También vino toda su familia. Y juntos aguardamos con él.

Cuando llegó el momento y nos dejó para irse con Dios, la familia estaba toda junta. Sammy no recuerda aquel día, pero mis hijos mayores sí. Era el 31 de agosto de 1975.

Cuando perdí al padre de Sammy sufrí muchísimo, me sentía tan sola. Lo que más me dolía en esos primeros y terribles días era mirar el rostro de mis hijos y entender que crecerían sin un padre, y eso sería difícil. Y entonces comprendí que ahora era yo la que tendría que alimentar a estos niños.

Luis tenía 14 años, Sammy seis, y José Antonio—el más joven—cuatro. Y tenía otro niño y dos niñas entre medio. Mis padres siempre me habían ayudado, pero no tenían mucho dinero y no me podían dar demasiado. Es triste decirlo, pero la familia de mi marido, cuando falleció mi esposo, se olvidó de nosotros. Estábamos completamente solos.

Sammy:

Lo que más recuerdo de aquellos días era trabajar; todos trabajábamos. Yo empecé a salir con mis hermanos a limpiar zapatos. También cogíamos un cubo de agua y un poco de jabón y lavábamos todos los carros que podíamos.

Mi madre trabajaba de cocinera, vendía boletos de lotería y trabajaba noche y día. Debido a lo que había ocurrido, lo único que podíamos hacer era unirnos como familia. Mi madre siempre nos enseñó que todo lo que teníamos era los unos a los otros, y todos lo hijos nos volvimos muy apegados. Compartíamos la comida, la ropa. Alguno de nosotros no teníamos zapatos que ponerse, así que nos los prestábamos. Mi hermano Luis se convirtió en mi héroe. Vi lo duro que trabajaba para ayudarnos y cuánto me protegía; siempre me dejaba ir con él a donde fuera.

Durante los tres años siguientes nos quedamos en Consuelo, pero las cosas eran muy, muy difíciles. Yo me levantaba temprano para ir a lustrar zapatos, después iba al colegio hasta por la tarde y después me ponía a lavar carros con mis hermanos hasta bien entrada la noche. Cuando podía, jugaba pelota en el parque—pero la verdad es que no tenía casi tiempo para el juego. La otra cosa que hacía era pelear. Siempre estaba peleándome con los niños del vecindario. Me encantaba pelearme y nunca me rendía frente al adversario. No le tenía miedo a nadie.

Pero las cosas iban empeorando más y más en casa. No había ninguna oportunidad en Consuelo. Cuando vivía mi padre, siempre comíamos tres comidas al día. Siempre había comida en casa. Pero ahora, aun con mi madre trabajando sin parar, empezamos a pasar hambre. A veces sólo comíamos dos veces al día, a veces sólo una. Comíamos mucho arroz y frijoles, plátanos fritos y yuca.

Pero si mi madre estaba asustada o preocupada nunca lo demostraba. Todos dependíamos de ella y ella nunca titubeaba. La gente me pregunta por qué le tiro un beso a mi madre después de cada jonrón. Siempre les digo que hay muchas razones para eso, y todas se remontan a nuestra vida en Consuelo.

Recuerdo en especial una conversación. Mi madre se me acercó, tenía unos ocho o nueve años, y me dijo: "Mi'jo, tu madre no tiene dinero mañana para la comida. ¿Crees que puedes salir a trabajar y traer algo de dinero a la casa?"

Le dije: "Sí mamá. No te preocupes. Traeré dinero a casa". Ese día salí y trabajé bien duro lustrando zapatos. Y traje dinero para mi madre, dinero que utilizó para comprar comida. Haría cualquier cosa por ella porque sé que ella haría cualquier cosa por mí.

Primero y principal, nos inculcó un profundo sentido de la honestidad. Siempre decía que cualquier dinero que trajéramos a casa debía provenir del sudor de nuestra frente. Donde vivíamos había muchos muchachos pobres como nosotros pero a los que veías muchas veces con un fajo de dinero. O los veías muy bien vestidos. Contaban que sus padres lo habían encontrado o algo similar. O que alguien les había hecho un regalo.

La mayoría de las veces, sus padres miraban hacia otro lado, decían que les creían cuando en realidad no era así. Pero mi madre nunca hubiera tolerado eso. Si hubiera en algún momento traído algo a casa que ella sabía no nos habíamos ganado, nos habría acompañado para que los devolviéramos. A pesar de su honestidad, económicamente las cosas iban de mal en peor. Mi hermano y yo trabajábamos hasta muy tarde. A veces no llegábamos a casa hasta medianoche, a veces a la una de la mañana.

Lo que hacíamos era ir a una parte buena de la ciudad, y si había un carro aparcado en la calle lo lavábamos. Entonces nos sentábamos allí a esperar que el propietario saliera y le preguntábamos si nos podía pagar por haberle lavado el carro. A veces eso tomaba horas. Mis hermanos y yo nos parábamos allí a esperar y esperar.

Nos reíamos y hacíamos cuentos, pero esas horas de espera, atrapados de cierta manera porque no nos podíamos marchar, me dejaron muy marcado. Cuando no tienes el control de tu propia situación económica, cuando tienes el estómago vacío, cuando ves que tu madre trabaja tan duro y que tú tienes que estar parado por horas esperando a alguien que no puedes controlar, eso te deja marcado.

Esa experiencia me hizo darme cuenta de lo duro que era ganar dinero y me convenció de que no quería vivir así el resto de mi vida. A veces ni nos pagaban—¡tantas horas perdidas!

Pero, como en tantos otros aspectos de mi vida, esos momentos me demostraron nuevamente cuánto nos quería nuestra madre. A pesar del cansancio que tenía por haber estado trabajando, no podía quedarse dormida hasta que no estuvieran todos su hijos en casa. Así que nosotros estábamos afuera esperando cobrar por lavar coches, y ella estaba en casa mirando por la ventana a ver si llegábamos. A veces no podía esperar y salía a buscarnos. En ese momento no comprendíamos del todo por qué nuestra madre estaba en la calle a la una de la mañana, buscándonos. De hecho, recuerdo que me avergonzaba si nuestros amigos se burlaban de nosotros. Cuando nos encontraba le decíamos: "Mamá, no nos podemos marchar. Hemos lavado todos estos carros y tenemos que esperar a que la persona salga para cobrar nuestro dinero". A veces íbamos todos juntos a casa. Eramos pobres y no estábamos metiendo mucho dinero en la cuenta corriente, pero como familia estábamos construyendo algo mucho más importante.

En 1978, cuando tenía nueve a punto de cumplir diez, mi madre decidió que no podíamos quedarnos más tiempo en Consuelo. Sentía que teníamos que ir a un lugar donde hubiera más gente y más oportunidades de ganar dinero. Así que nos mudamos a la gran ciudad, a la capital—Santo Domingo. Pero como éramos tan pobres, sólo nos podíamos permitir vivir en un barrio, con el resto de los pobres. La vida en Santo Domingo era muy distinta que en Consuelo. Consuelo es muy tranquilo, muy pacífico. Pero Santo Domingo, sobre todo en los barrios, da miedo.

Siempre había drogas alrededor y muchos jóvenes estaban metidos en pandillas. Había corrupción por todas partes.

Mirando hacia atrás, creo que mi madre sintió que había cometido un error al habernos mudado a Santo Domingo;

pero estábamos desesperados por ganar dinero. Y cocinando y preparando comidas, mi madre ganaba más que en Consuelo. Yo cada vez iba menos y menos al colegio y trabajaba más y más. Mis únicos amigos eran mi familia, y recuerdo que en esa época todos nos sentíamos muy solos.

Hasta el día de hoy la gente más cercana es mi familia, porque no había nadie a mi alrededor en quien pudiera confiar. A estas alturas my hermano Luis pasaba tiempo defendiéndome, cuidando que los chicos grandes del barrio no me hicieran algo a mí o a mi hermano más pequeño, José Antonio.

Vivíamos hacinados: dormíamos todos en la misma habitación. El tejado era de metal corrugado, y recuerdo que las casas estaban pegadas unas con otras. Siempre había basura y aguas cloacales en las calles. No era sorprendente ver nenes desnudos en la calle, porque la gente a veces no podía permitirse el lujo de comprar pañales.

Cuando no tienes oportunidades, buscas la forma de sobrevivir. En Estados Unidos la gente sobrevive gracias a la asistencia pública. Pero aquí es duro, porque nadie te puede ayudar. No tienes vida, no tienes oportunidades. Yo sé lo que es pasar hambre. Tuvimos momentos críticos durante esos años. Había días en que no teníamos qué comer.

Todo el mundo sabe que cuando comes te sientes bien. Pero si no comes lo que sientes es tristeza, y una profunda ansiedad. Lo único que podía hacer en ese momento de mi vida era seguir hacia delante.

Mis hermanos y yo pensábamos seriamente en ganar dinero honestamente. Y tenía suerte, porque aunque tenía pocos amigos tenía muy buenos ejemplos para emular. Además de mi madre, tenía a mi hermano Luis.

Recuerdo que Luis trabajaba duro y daba todo el sueldo a mamá. Pero descubrí que se estaba quedando un poco para él. Lo guardaba en un envase que cada vez estaba más lleno.

Pero recuerdo que una vez que el envase se llenó, se lo dio a mi madre. Fue una alegre sorpresa para ella, algo que no estaba esperando. Eso es lo que hacen los pobres: buscan pequeñas cosas que les permitan mantener la esperanza.

Y afortunadamente para nosotros, mi madre siempre nos dio esperanza. Además de vender comida, a estas alturas también estaba lavando ropa. Fue durante esta época que mi madre nos enseñó a llevar a Dios en nuestro corazón. Nos llevaba a la iglesia y rezábamos en familia. Estaba haciendo todo lo que podía para mantenernos en el buen camino, pero después de nueve meses en Santo Domingo estaba claro que nos teníamos que marchar.

Había demasiadas malas influencias para nosotros los chicos; había demasiada delincuencia, demasiado peligro. Así que nos mudamos de vuelta al campo, a un lugar llamado Caciques. Mi madre se había vuelto a casar con un hombre decente llamado Carlos María Peralta. Pero nuestra situación financiera seguía siendo crítica. Durante los siguientes dos años nos mudamos de lugar un par de veces. Parecía que siempre nos estuviéramos mudando. No tenía demasiada oportunidad para dedicarme al estudio debido a nuestra situación. Como dije, nos sentíamos muy solos en ese entonces, y nos seguimos sintiendo así hasta que mi madre tomó la mejor decisión que pudo haber tomado: nos mudamos a San Pedro de Macorís.

Era una ciudad de buen tamaño donde teníamos familia y conocíamos gente; no era como Santo Domingo ni tan pobre como el campo. Trataríamos de empezar de nuevo y de encontrar la forma de subsistir. San Pedro tenía buenos parques y lugares donde jugar. Lo que más le gustaba a mi madre era que, a diferencia de Santo Domingo, sabía donde nos podía encontrar si alguna vez iba a buscarnos. No había demasiado lugares donde ir.

Nos mudamos a San Pedro en 1981, cuando yo tenía doce

años. Era bastante duro por esta época y, a mi manera, callado y reservado. Quizás lo heredé de mi padre, porque a mi madre le gusta decir que vé mucho de él en mí. Como él, me gustaba guardarme las cosas privadas. Cuidaba el poco dinero que tenía, me callaba mis planes y sólo los compartía una vez que había decidido lo que iba a hacer.

Me gustó San Pedro inmediatamente y estaba claro para mis hermanos y para mí que podríamos hacer dinero. Nos reservamos un lugar en la plaza principal del pueblo. Allí lustrábamos los zapatos de los hombres de negocios que trabajaban en la industria del azúcar o en las fábricas cercanas a la Zona Franca, que es un parque industrial.

San Pedro es una ciudad llena de trabajadores y fábricas. Más tarde, conseguí un trabajo en una de esas fábricas, un trabajo que me cambiaría la vida. Pero al principio, nuestra principal fuente de ingresos era lustrar zapatos para las clases trabajadoras más acomodadas de San Pedro. Mi hermano y yo desarrollamos una clientela constante. Decidimos que si íbamos a hacer dinero a largo plazo, debíamos primero desarrollar un grupo de clientes que nos buscaría cuando precisaran un lustrado. Había mucha competencia en San Pedro, porque había muchos niños pobres como nosotros y no tantos que necesitaran que les lustraran los zapatos.

Nos pegábamos con los otros niños para guardar nuestros clientes. Mi hermano Luis también era muy listo. Con algún dinero se compró más cajas de lustrar y pronto había convencido a los niños más jóvenes de que trabajaran para él.

Limpiaban zapatos y después le daban la mitad de lo que ganaban. Lo que aprendimos fue que si tratas bien a tus clientes, siempre regresan una y otra vez. Había algunos niños que trataban de engañar a sus clientes cobrándoles demasiado por lustrar. Pero Luis siempre dijo que él no haría eso. Algún tiempo después, la gente se percataba y daba el trabajo a otros. Pero no había ninguna posibilidad de que eso nos pasara a nosotros. Así continuamos hasta que un día conocía a una de las personas más importantes de mi vida.

Su nombre es Bill Chase, pero siempre le llamamos Bill. Es norteamericano, de Bristol, Maine, y en ese entonces él era el hombre más rico que habíamos conocido. Era dueño de varias fábricas de calzado en San Pedro, y en aquel entonces empleaba a mucha gente de nuestro pueblo. Era importante y lo sabíamos. Empezamos lustrándole los zapatos. Le caíamos bien y él nos cayó bien a nosotros. Era gracioso porque no nos podíamos comunicar—nosotros no hablábamos inglés y él no hablaba español. Pero era como si nos entendiéramos. Le gustaba cómo le limpiábamos los zapatos y nos sonreía por lo duro que trabajábamos para apartar a los otros muchachos de él. Él siempre volvía a nosotros, una y otra vez.

Al poco tiempo estaba lo suficientemente impresionado como para hacernos una oferta. Nos ofreció a mis hermanos y a mí trabajo en su fábrica. Nuestro trabajo era barrer toda la nave, un trabajo duro porque era muy grande. Pronto estaba barriendo grande pedazos de piel del piso de la factoría y depositándolos en grandes recipientes de basura. Limpiaba la maquinaria que ensamblaba las suelas, empeines, tacones y cosía las piezas de los zapatos. Era un trabajo duro, pero estaba feliz porque era estable.

Trabajaba de ocho de la mañana a cuatro de la tarde y a menudo trabajaba hasta más tarde. Ganaba 300 pesos a la semana: unos 60 dólares hoy en día. Créanme que era mucho dinero en esos días. Estaba feliz en mi trabajo, pero estaba enfrentando una decisión que debía tomar en otra parte de mi vida.

Me senté con mi madre y le expliqué que seguir estudiando era cada vez más difícil. En mi país la mayoría de las personas como nosotros no tenemos la oportunidad de ir a la universidad. Hay demasiada presión para trabajar y ganarse la vida. Así que aunque tuviera éxito en la escuela y me gustara estudiar—me era facil—en el equivalente a octavo grado, dejé el colegio para trabajar tiempo completo. Pero estaba contento porque estaba ayudando a mi madre. Todavía éramos pobres, pero no extremadamente como había ocurrido pocos años antes. Y cada vez me sentía más próximo a Bill. Cuando necesitábamos hablarnos directamente lo hacíamos a través de un intérprete, otro hombre que trabajaba en la fábrica.

Al intensificarse nuestra amistad Bill y su esposa, empezaron a tratarnos como si fuéramos sus hijos. Cuando viajaba a Estados Unidos nos traía juguetes y golosinas. Cuando le contábamos a nuestra madre lo bueno que era, ella sonreía y nos decía que Dios siempre recompensaba a la gente que trabaja duro. Y para mí Bill era la recompensa.

Bill Chase:

Había abierto una fábrica en San Pedro de Macorís. Tenía un hombre de San Pedro que me estaba ayudando a comenzar. Era bilingüe. Recuerdo que después de nuestro primer día de trabajo me llevó a un lugar en el centro de la ciudad donde podíamos comer, a la plaza. San Pedro tiene una plaza, como todos lo pueblos de República Dominicana, y todo el mundo está por allí, incluso los niños que lavan carros, lustran zapatos o hacen recados para ganar unos centavos.

Cuando llegamos, había unos 200 o 300 niños. Bueno, quizás no había tantos pero lo parecía, había niños por toda la plaza. De repente dos de estos chicos se acercaron. Juan, mi empleado, me los presentó. Uno de ellos era Sammy pero me lo presentaron como Mikey. Tenía a su hermano menor, José, con él. Y Juan me dijo: "Estos son dos buenos chicos, le limpiarán sus zapatos". Y rápidamente me gustaron porque eran agresivos y sabían tratar al cliente. Sabían cómo ganarse un dólar en la calle. Si no me gustaba cómo los habían limpiado volvían a empezar hasta que quedaran como a mí me gustaban. Bueno, las cosas progresaron entre ellos y yo, y continuaron lustrándome los zapatos.

En esos días había una universidad en San Pedro que tenía unos cinco mil estudiantes norteamericanos. Era un colegio de medicina y cerca había un lugar para comer que se llamaba Restaurante 29. Una inglesa regentaba el lugar y todos los americanos iban a comer allí. Luego de una semana de ir a la plaza a comer y de que Sammy y su hermano me lustraran los zapatos, dejé de ir y empecé a comer con los otros americanos. Pero Sammy me encontró. Solían sentarse fuera del restaurante a esperarme; poco después siempre le guardaba un poco de pollo o lo que fuera para ellos.

Pero por entonces la parte industrial de San Pedro, la Zona Franca como se conoce, era muy pequeña. Sólo había seis fábricas. Más tarde serían 90. Pero entonces sólo había un grupo de americanos con dinero. No es que yo tuviera dinero, pero para Sammy lo tenía. Los chicos siempre se peleaban por el gringo. Recuerdo el primer día que recibimos un cargamento con maquinaria para la fábrica de calzado. Había contratado a este tipo que conocíamos como Pepe. Su nombre verdadero era Luis Carasso. Te podía conseguir lo que quisieras. Lo contraté para que buscara a un grupo de personas que pudieran descargar mi remolque, y se convirtió en mi guardaespaldas. Él y los muchachos se tenían mucho recelo, porque en su mente estaban peleando por el mismo peso. No era realmente así, pero en su mente lo era.

Siempre les decía a los muchachos: "No trabajo, no dinero."

Para que pudieran ganar dinero siempre buscaba algo que Sammy y su hermano pudieran hacer. Y siempre me aseguraba de darles un poco de comida del restaurante. Les traía pollo y Sammy y su hermano siempre se lo comían y rebañaban los huesos.

Pronto Sammy y su hermano me limpiaban los zapatos a diario. Les daba un peso a cada uno. Ellos y Pepe eran como mi mundo en San Pedro. Cuando le daba un peso a Pepe se iba a comprar cerveza, pero lo muchachos siempre lo llevaban a casa para su mamá. Por la competencia entre ellos los muchachos empezaron a venir a la fábrica. Era como si no quisieran perder su puesto en la vida. Eso era antes de conocerlos como parte de la familia. Eran sólo dos chicos que hacían cosas para mí. En ese entonces mi esposa estaba en Estados Unidos y yo siempre le hablaba de ellos. Finalmente llegó, y un día, quería unas manzanas. Le dije que las manzanas en República Dominicana no eran iguales que en Estados Unidos, que eran blandas y no le iban a gustar. Pero encargó al hermano de Sammy, José, que fuera a la tienda y que le comprara cuatro manzanas. Bien, dio un bocado y no le gustó. Le dijo a los muchachos: "Pueden tirarlas". Los dos la miraron y dijeron: "¿Podemos llevárselas a nuestra madre?" Y eso fue todo. Ella los empezó a querer ahí mismo.

A partir de entonces, cuando venía de visita siempre traía ropa o lo que quisiera, pero casi siempre ropa. En aquellos tiempos todo lo que conocían esos chicos eran necesidades. No conocían el buen lado de la vida. Así que a medida que mi negocio fue mejorando empecé a contratar a algunos de los hermanos y hermanas para que trabajaran en la fábrica.

Sammy:

Empezamos a depender de él. Cuando las cosa iban mal en casa le pedíamos a Bill un poco de dinero y él nos ayudaba.

Lo que él esperaba de nosotros era que trabajáramos duro para él, y eso hacíamos. Puedo decir hoy que empecé a ver a Bill como a un padre. Cuando tenía doce años me compró mi primera bicicleta y no recuerdo haber estado tan feliz. Adoraba esa bicicleta y la montaba por todas partes.

Las cosas se estaban arreglando, parecía como si las nubes hubieran remontado. Recuerdo más que nada dos cosas de aquellos días. La primera, un Día de la Madre cuando era muy joven y las cosas estaban en su punto crítico. No tenía ni un centavo y me sentía muy mal por no tener nada que regalarle a mi madre. Se estaba haciendo tarde y sentí que tenía que hacer algo. Así que hice algo que ni mis amigos ni mis admiradores lo podrán creer. Ese día, para aliviar el peso de mi madre y traerle una sonrisa a sus labios, salí a la calle a pedir limosna. Necesitaba dinero como fuera para poder comprarle algo, y no iba a regresar a casa hasta que no lo consiguiera. Afortunadamente, algunas personas se apiadaron de mí y me dieron unos centavos. Cuando llegué a la tienda le pregunté al tendero si podía comprarle un regalo a mi madre: un solo cigarrillo. A mi madre le gustaba fumar y quería obsequiarle algo que pudiera disfrutar. Yo tenía nueve años.

Con el cigarrillo en la mano regresé a casa y encontré a mi madre sentada hablando con sus amigas. Caminé hacia ella y le dije: "Mamá, no tengo mucho que darte pero con esto te entrego mi corazón en el Día de la Madre".

Me agarró la mano y dijo: "Hijo, qué bello regalo me traes. Gracias, gracias".

La he dado muchas cosas desde entonces, pero creo que ésa fue una de las cosas más significativas que hice por ella; me salió directo del corazón. Habíamos pasado tanto juntos que quería darle algo. Mi madre todavía recuerda ese día como si fuera ayer. Fue una prueba del amor que ella había creado para nosotros en nuestro hogar. Y pienso que cuando quieres a alguien haces cualquier cosa por esa persona.

Como iba diciendo, cuando nos mudamos a San Pedro las cosas nos iban algo mejor y la vida empezaba a transportarme en otra dirección. Me encantaba la bicicleta que Bill me había regalado, pero después de uno de sus viajes a Estados Unidos me tenía otro obsequio. Como la bicicleta, era algo que siempre quise pero que no me podía comprar.

Este regalo me iba a señalar la dirección que no veía entonces pero que hoy parece tan clara.

Ese día Bill me regaló mi primer guante de béisbol.

Bill Chase:

Cuando Sammy tenía trece años le regalé el guante. Era un guante azul por el que pagué unos cien dólares. Era un guante buenísimo, el mejor que pude encontrar. La clave es que era azul. Si te fijas, hoy en día Sammy sólo lleva guantes azules.

Bien, por ese tiempo acababa de inaugurar mi segunda fábrica y no tenía tiempo para nada. Pero pronto todo el mundo hablaba de lo bien que jugaba a la pelota.

Y yo me empecé a preguntar: "¿Cómo puede ser si ha empezado a jugar a los trece o catorce años"? Pero como descubriríamos más tarde era natural.

José Antonio lustraba los zapatos de mis clientes y Sammy andaba ocupado jugando béisbol. Sammy pasaba por la fábrica de vez en cuando para charlar o para recoger cinco o diez pesos.

En ese tiempo uno de mis capataces se había casado con una muchacha de allí y la familia de ella había visto jugar a Sammy y comentaba que era muy bueno. Así que un día le dije a mi gerente: "Escucha, tomémonos un par de horas libres y vayamos a ver jugar a Sammy". Y así hicimos. No era espectacular pero era ágil y rápido. Tenía el único guante azul del pueblo y hacia juegos que quizás sin el guante no podría haber hecho. Tenía buen aspecto. Recuerdo haber pensado: "Algún día, si continúa creciendo, con un poco de experiencia, este chico puede llegar lejos".

3

Mi Primer Contrato

En mi país los niños empiezan a jugar al béisbol casi al mismo tiempo que aprenden a caminar. En todos los pueblos y ciudades en cualquier parte de la isla los ves improvisando juegos en la calle, en los callejones, en los parques o en el campo abierto. Cuando era niño el béisbol era el único deporte en la República Dominicana. Es nuestro deporte nacional. La gente sigue los resultados durante todo el año. De abril a octubre, los dominicanos están pegados al televisor y vigilan las tablas de resultados de las Grandes Ligas, como los americanos.

Y de noviembre a febrero, toda la isla sigue de cerca la Liga Dominicana de Invierno, los equipos compuestos en su mayoría por jugadores dominicanos de las Grandes Ligas que aprovechan los inviernos para mejorar su técnica.

También en febrero tiene lugar la Liga Mundial Caribeña, un campeonato en el que nuestra liga de campeones compite con las ligas de campeones de Puerto Rico, Venezuela y México. Cada país se turna para auspiciar el campeonato y siempre es un gran orgullo ganar, cosa que hemos logrado en bastantes ocasiones. Durante este campeonato la bandera dominicana está por todas partes y mis compatriotas demuestran su orgullo nacional y su gran amor por el béisbol. Al igual que el Día de la Independencia, que es el 27 de febrero, la temporada de la serie caribeña es siempre uno de los días más especiales para mi país.

En mi país hay una pasión por el béisbol que me fascina. La gente establece alianzas de por vida con su equipo local— Estrellas Oriendales Licey, Escogido, Aguilas y otros—así como los americanos lo hacen con los Yankees, Mets, Dodgers o Cachorros. Y para la juventud hay docenas de pequeñas ligas, y ligas de aficionados en cada región de la República Dominicana.

Los muchachos practican para esos juegos toda la semana y juegan intensamente durante los fines de semana. No es de sorprender, pues, que hoy haya tantos jugadores dominicanos en las Grandes Ligas, porque para los jóvenes el béisbol lo es todo. Todo el mundo sabe que los equipos de las Grandes Ligas tienen buscatalentos por toda la isla. También hay un grupo aún mayor de personas que siguen hasta el más remoto de los partidos de aficionados de la liga esperando ver un talento que puedan recomendar a algún buscatalentos.

Pero a pesar de esta historia que comenzó hace ya muchos años, yo no jugué al béisbol organizado cuando era niño. En aquel entonces no amaba el deporte, lo que me convierte en una excepción a la regla. Nuestra situación económica era tan desesperada que sencillamente no tenía tiempo para hacer otra cosa que no fuera trabajar para ganar dinero. Cuando jugaba al béisbol era en la calle, con trapos envueltos como pelota y palos como bates. Eso es distinto a trabajar con entrenadores practicando las técnicas. En mi vida, en los años previos a mi juventud, los entrenadores y los juegos de pelota con uniforme de un equipo era algo para los otros chicos.

No tenía ningún plan de jugar al béisbol organizado. Anque mi amigo y patrón Bill Chase había tenido la amabilidad de regalarme mi primer guante de béisbol, yo aspiraba a ser un atleta de otro tipo: quería ser un boxeador profesional.

Quería ser como Sugar Ray Leonard, Tommy Hearns y Marvin Hagler. A comienzos de los ochenta esos boxeadores eran los reyes del boxeo y me encantaba como peleaban. Yo había peleado mucho en la calle cuando era un muchacho, defendiéndome y demostrando a los otros chicos que era un tipo duro.

Así que ya tenía mis preferencias. Descubrí que en San Pedro había una escuela de boxeo. Pronto empecé a ir allá buscando el tiempo para las sesiones de entrenamiento en las horas que no trabajaba en la fábrica de zapatos de Bill Chase.

Me solía levantar temprano y hacer los ejercicios. Pegaba a la bolsa de velocidad y la bolsa pesada. Me entrené duro durante meses. No había demasiados boxeadores famosos dominicanos pero eso no me preocupaba. Quería ser un campeón. En mi familia era mi hermano Luis el que amaba el béisbol, el que jugaba y conocía el deporte.

Era su pasión y trataba de que yo me interesara, pero yo tenía mis propios planes. Y como siempre hice desde pequeño, me los guardé para mí solo. Luis sabía lo que estaba haciendo, pero yo nunca comenté con mi madre mis planes de hacer una carrera del boxeo. Quizás sabía en mi corazón que ella no estaría de acuerdo con los mismos. Y me dije a mí mismo que se lo diría más adelante, mucho más adelante.

Esto continuó así por casi un año. En cierta manera, ya estaba viviendo como un adulto. Había dejado la escuela, trabajaba largas horas y estaba dedicando tiempo a mis metas. Y además sabía pelear. Y lo hacía bien, aunque muchos de mis admiradores de hoy en día no me podrían reconocer. Como muchos dominicanos de mi extracción estaba muy delgado y no me había desarrollado del todo físicamente. Todo lo que tenía era ambición.

Pensé que tenía lo que hacía falta para ser un boxeador,

pero para suerte mía, la gente que me quería tenían otros planes. Mi madre lo recuerda como si fuera ayer.

Mireya Sosa:

Un día Luis se me acercó y me dijo: "Mamá, ¿sabías que Sammy está entrenándose para hacerse boxeador?"

Yo pensé, "No. No quiero que mi hijo sea boxeador". Estaba muy preocupada porque además Sammy era un chico muy serio y tenía que encontrar la manera precisa de decírselo. Luis me aclaró: "Mamá, no quiero que Sammy piense que lo he traicionando".

Le aseguré que encontraría la manera de hablar con él. Durante las siguientes dos semanas no pensábamos en otra cosa que en encontrar las palabras precisas. Sammy siempre había sido un niño bueno y obediente, pero me preocupaba cómo decírselo. Un día en que estábamos los dos solos decidí que había llegado el momento.

"Hijo, ven y siéntate que quiero decirte algo".

"Sí, mamá".

"Hijo, me he enterado de que estás boxeando y quiero pedirte que por favor pares. Con todo mi corazón te ruego que lo dejes. ¡Por favor no continúes!"

"¿Por qué, mamá?"

"Hijo, escúchame bien. ¿Crees que si te convirtieras en boxeador yo podría sentarme tranquilamente y ver cómo golpeas a alguien o cómo alguien te golpea a ti?"

"Mamá, eso no es gran cosa".

"Hijo, no hijo, por favor no sigas. Por favor, déjalo". En ese momento Sammy no dijo nada. Esperaba que hubiera escuchado lo que le había dicho, porque me dolía el corazón de sólo pensar en él intercambiando golpes con otro.

Gracias a Dios, después de algún tiempo me dio una gran noticia.

"Mamá", anunció. "He dejado el boxeo".

"Ay, gracias a Dios, hijo. Gracias Dios mío".

Pero tenía otra sorpresa para mí. A Sammy le encanta darme sorpresas, como hizo en el Día de la Madre cuando era un niño. El hecho de que me quisiera contar sus planes me tranquilizó, porque sabía que fuera lo que fuera sería mejor que su interés en el boxeo que había tratado de ocultarme. Para mi sorpresa me dijo que quería jugar al béisbol.

"Lo ves, hijo esa idea me gusta. El béisbol te conviene, porque de la única manera que puedes lesionarte es por mala suerte, no porque alguien está tratando de hacerte daño". Le di mi bendición y a partir de entonces mi hijo era jugador de béisbol.

Sammy:

Nunca podría boxear si mi madre estaba en contra. Yo confiaba y valoraba sus opiniones, y decidí que no era para mí. Fue entonces que mi hermano Luis me metió en el béisbol y me inició en el camino que he seguido hasta hoy.

Conseguí el permiso de Bill Chase para jugar a la pelota un par de veces a la semana durante horas de trabajo. Una vez que esto ocurrió, empecé a practicar béisbol todo el tiempo; pero era difícil porque a la vez tenía muchas otras responsabilidades. En un momento determinado necesité dedicarle más tiempo al béisbol. Entonces Luis habló con Bill Chase sobre esto y él estuvo de acuerdo en contratar a mi hermano pequeño para que mi familia no perdiera mis ingresos y yo pudiera seguir jugando pelota.

Cuando Bill Chase me dio permiso, mi vida se convirtió en

puro béisbol. Vivíamos en una casa con dos dormitorios cerca de un hospital, vivíamos mejor que en Santo Domingo, pero aun así muy frugalmente. La casa tenía piso de tierra y una de las habitaciones estaba separada en cuartos por sábanas que mi madre había colgado de unas cuerdas.

Todas las mañanas me levantaba a las seis de la mañana para ir a practicar. Corría mucho y hacía todo lo posible por mejorar. Acabé amando el juego. Pero no se confundan, mi sueño era ayudar a mi madre.

Mientas estaba mejorando mi juego me di cuenta de que tenía talento. Con mi hermano Luis jugábamos en diferentes barrios de San Pedro, y yo aprendía algo nuevo cada partido. En aquel entonces siempre llevaba unos vaqueros cortados y practicaba en mi calle pegándole a mazorcas secas de maíz una y otra vez.

Les decía a mis amigos que iba a ser un jugador de las ligas mayores y me decían: "Tú estás loco. Nunca vas a llegar a nada". Pero nunca les hice caso, porque sabía que tenía el empeño que me diferenciaba de los demás. Por aquel entonces ya había decidido lo que iba a hacer con mi vida. Me aparté de los problemas y me mantuve muy cerca de mi madre y de mi familia. Para mí no había ningún día libre. Trabajaba todos los días en el béisbol.

Y entonces, cuando pensé que estaba listo, Luis me llevó a ver a Héctor Peguero, que tenía fama en San Pedro de saber mucho de béisbol. Héctor llevaba un equipo en una liga de aficionados locales y mi hermano sabía que me podría ayudar.

Héctor y yo todavía somos amigos, y a veces manejo cuatro horas ida y vuelta desde mi casa en Santo Domingo para practicar con él y otros amigos al terminar la temporada. Todavía a veces me corrige algo de mi bateo que no le gusta. Y a veces hablamos del primer día que me vio.

Fue hace mucho, mucho tiempo.

Héctor Peguero:

Luis Sosa había jugado en el equipo que yo manejaba y nos conocíamos. Y un día empezó a conversar conmigo. Dijo: "Héctor, tengo un muchacho con manos grandes que quiere que le des una oportunidad".

Y trajo a Sammy al parque. Lo primero que vi era que era fuerte. Pero que también era como un "lobo", que significa salvaje y crudo. No tenía demasiada experiencia. Le dije: "Vamos a ponerlo en el campo a ver lo que puede hacer".

Y fue así como empezó a practicar con otros muchachos. Él jugaba en el jardín y fue entonces cuando lo vi lanzar la pelota. ¡GUAU! De veras que tenía un brazo fuerte.

Al poco tiempo lo metí en el equipo de nuestra liga en San Pedro. Jugábamos con uniforme, pero al principio el uniforme no le quedaba bien; era un poco más grande que los otros chicos del equipo. Así que lo trasladamos para que jugara con los otros chicos más grandes. Y te juro que cada vez que alguien trataba de correr de la segunda base a casa contra él, lo echaba. Una vez, el gerente de otro equipo acusó a Sammy de ser un fraude. Alegaba que Sammy era mayor de lo que decía. Yo le dije: "No, sólo tiene catorce".

Nuestro equipo está en la Liga Nelson Rodríguez de San Pedro y jugaba en un parque dedicado a Rico Carty, el gran bateador de los Bravos de Atlanta, que es oriundo de San Pedro. Fue allí donde Sammy Sosa pegó su primer jonrón. ¡Y su segundo jonrón fue un imparable!

En aquel entonces solía pegar muchas al jardín derecho. Casi nunca tiraba la pelota a la izquierda. Por eso empecé a trabajar con él, enseñándole cómo colocar sus pies en el montículo. Tenía la costumbre de tirar su pierna hacia la izquierda y pegar hacia la derecha, y traté de corregir eso.

Su juego comenzó a mejorar porque practicábamos de lunes a viernes y jugábamos el sábado y el domingo. De esta forma empezó a desarrollarse. En nuestra liga era sensacional. En cada juego hacía algo que me sorprendía. Y siempre le pegaba duro a la bola.

Tal como hace hoy en día: da todo cada vez que juega. Lo que todavía no sabía por aquel entonces era cómo desarrollar su talento, y en eso fue que yo le ayudé. En ese entonces yo estaba trabajando con 125 chicos, pero Sammy empezó a sobresalir.

Sammy:

Trabajando con Héctor, mi juego comenzó a mejorar y estaba empezando a generar interés alrededor de San Pedro. Cuánto mejor lo hacía, más quería que mis seres queridos vinieran a verme jugar, en especial mi madre. Después de jugar un año con Héctor, ella todavía no me había visto jugar. Ya tenía quince años y quería mostrarle de lo que era capaz.

Mireya Sosa:

A medida que pasaba el tiempo mi hijo Luis me decía: "Mamá deberías ver jugar a Sammy. Vas a lograr mucho dinero con él".

Y yo le contestaba, regañándole: "¡Luis, lleva jugando muy poco tiempo y ya me estás diciendo que yo voy a ganar mucho dinero con él!" Luis continuó insistiendo, pero nunca fui a verle porque estaba preocupada por Sammy. Le dije: "Mira, no voy a ir al parque, porque si voy y está jugando bien sin que yo esté, sé que cuando me vea tratará de hacerlo mejor y eso le hará cometer una equivocación".

Por eso que nunca fui. Una vez jugaron un juego en San

Pedro que iba a ser retransmitido por televisión. ¡Dios mío, deberían haber visto la conmoción! Entonces Sammy dijo: "Mamá, ven al parque a verme jugar".

Yo le contesté: "No, hijo. Me voy a quedar aquí y te voy a ver en la televisión". Estaba demasiado nerviosa para ir.

Y todo el mundo se fue a verlo y yo me quedé en casa sola viéndolo por la televisión. Al principio no lo reconocí. Un vecino vino a la casa y señalando la televisión me dijo: "Éste es tu hijo. ¡Éste es tu hijo!"

Yo decía: "¿Dónde, dónde?" No lo distinguía de los otros jugadores hasta que de repente lo reconocí. ¡Dios mío! ¡Qué sensación! ¡Era mi niñito! ¡Y estaba tan guapo!

Cuando el juego terminó, Sammy me deparó una sorpresa aun más grande. Dijo: "¡Mamá! ¡Mamá! ¡Me van a fichar! ¡Me van a fichar!" No sabía de lo que estaba hablando, estaba muy excitado. Entonces trató de explicarme que un hombre llamado Azevedo, un buscatalentos para los Phillies de Philadephia, le estaba haciendo una oferta para que jugara béisbol profesional.

Sammy dijo: "Mamá, mañana tienes que ir a Santo Domingo para firmar el contrato".

Yo le dije: "Hijo, si es por tu bien, ya sabes que allí estaré".

Y me fui a Santo Domingo y me entrevisté con el señor Azevedo. Acompañé a mis hijos Luis y Sammy. Le ofrecieron una prima de 2.500 dólares por la firma del contrato. Los muchachos empezaron a decir que 3.000 dólares y la conversación siguió y siguió. De repente sentí algo que nunca había experimentado antes; una sensación se apoderó de mí. Pensé: "¡Dios mío, me siento como si estuviera vendiendo a mi propio hijo!" Era una sensación que me embargaba. Y dije a los muchachos: "No, no. No discutan, no discutan. Aceptemos lo que tenemos". Así que eso fue lo que ofrecieron: 2.500 dólares. Firmamos el contrato.

Al salir, Sammy me dijo: "¡Mamá! ¡Si te hubieras callado habríamos conseguido más dinero!"

Lo miré y le dije: "No, hijo. No pienses así. Acepta lo que Dios te dé y no te perderás nunca".

Él entendió lo que quise decir y no volvimos a hablar más de ello. En aquel tiempo Sammy empezó a entrenarse fuerte todos los días. Y comenzó a esperar el dinero. Y siguió esperando, y esperando, y esperando.

Sammy:

En aquel entonces el Sr. Azevedo tenía su propio campo de entrenamiento; contrataba a jugadores jóvenes y los escondía hasta que tenían la madurez suficiente para ser enviados a Estados Unidos. Muchos amigos míos americanos no tienen idea de cómo fichan para el béisbol en mi país. Hoy hay reglas que dicen que un jugador tiene que tener dieciseis años antes de poder firmar un contrato y que los equipos sólo pueden retener a un jugador por un mes. Si después del mes no lo contratan, el jugador es libre de ir a otro equipo.

Pero en 1984, cuando yo tenía quince años y me habían contratado los Phillies, esas reglas no existían. Los buscatalentos se ocultaban y robaban jugadores unos a otros. Como jugador, todo lo que pretendías era ser un profesional y aceptabas cualquier cosa que te ayudara a lograrlo. Y firmabas por cualquier dinero. Cuando Azevedo me abordó estaba feliz y contento porque sabía que tenía una oportunidad para hacerme profesional.

Los jugadores más prometedores en Estados Unidos tienen agentes y abogados. Pero en aquel entonces, yo no sabía nada de esto. Todo lo que sabía era jugar al béisbol. A pesar de esto, recuerdo que firmar el contrato fue el momento más feliz de mi vida. El cheque de la prima no había llegado y el Sr. Azevedo me dio algo de dinero de su propio bolsillo.

Casi no tenía ropa decente que ponerme, así que me compré un par de vaqueros y unas zapatillas de deporte. Estaba feliz, al igual que toda mi familia. Todo marchaba estupendamente. Hasta me compré una pequeña bicicleta azul. Pero a decir verdad no sabía lo que decía el papel que había firmado con los Phillies. Aún hoy no lo sé. Así funcionaban las cosas entonces. Eras un ingenuo y no estabas preparado para negociar, algo poco recomendable en el mundo competitivo del negocio del béisbol—como aprendería más adelante. Pero no tardé mucho en comprender que algo andaba mal.

Practicaba y practicaba con el Sr. Azevedo, pero mi prima no llegaba. En esos años, él era conocido en la isla como un importante buscatalentos. La gente que trabajaba para él había descubierto a George Bell y a Julio Franco. Hoy en día todo el mundo sabe que Bell fue el Jugador Más Valioso de la Liga Americana en 1987 con los Azulejos de Toronto y Franco ganó el título de Bateador para los Vigilantes de Tejas. Yo veía a estos hombres en las calles de San Pedro durante el descanso de la temporada y me quería parecer a ellos. Veía cómo vestían y me maravillaba del respeto que inspiraban. Yo también quería eso.

Y no era el único. El Sr. Azevedo había contratado a otros 30 o 40 jugadores con las mismas aspiraciones que yo. Pero los meses transcurrían y el dinero no llegaba.

La gente de mi barrio me consideraba un jugador de béisbol professional. Pero mi familia conocía la verdad, y sabían lo mal que me estaba empezando a sentir por mi primer contrato.

Mireya Sosa:

Estaba desesperado, nunca le había visto así antes. Me decía: "Mama, este tipo todavía no me ha pagado".

Yo le decía: "No importa, hijo. Ya te pagará. Ya verás".

Hablábamos mucho de ello. Él trataba de ocultar su angustia, pero yo conozco a mis hijos. Y sabía cuánto le estaba afectando.

Sammy:

Continué entrenando duro. Y recé mucho. Le decía a mi madre que no se preocupara que conseguiría el dinero para ella. Y ella me decía que no me preocupara. En todo el tiempo que estuve con el Sr. Azevedo, nunca supe cuándo me iba a pagar. Me entregaba una pequeña cantidad aquí y allá, pero nunca me pagó todos los 2.500 dólares—dinero que de veras me hacía falta.

Pasó mucho tiempo, esperé como unos nueve meses. Continuaba yendo a su oficina y siempre le hacía la misma pregunta: "¿Dónde está mi dinero?" Lo peor era la incertidumbre. Había soñado tanto con hacerme profesional que esta prueba se me hacía difícil de aguantar. Las cosas se deterioraron tanto que me vi forzado a tomar el autobús desde San Pedro a Santo Domingo y acampar en la oficina del Sr. Azevedo. Me sentaba en su sala de espera y esperaba hora tras hora.

Recuerdo que una mañana me vio allí y me dijo: "Espérame aquí, vuelvo enseguida". Así que lo esperé. Pronto fue mediodía. Después de la mitad de la tarde, él no aparecía. Al finalizar la tarde su secretaria me dijo que había llamado y que supuestamente estaba en Puerto Rico buscando jugadores. Le dijo a su secretaria que me dijera que regresara otro día.

Recuerdo que tenía tanto hambre que me dolía el estómago. En aquel momento estaba como poseído de una sensación de urgencia y necesidad que podían conmigo. Estaba oscureciendo y no tenía dinero para regresar a San Pedro en autobús, así que tuve que empeñar una pequeña cadena de oro que tenía para poder pagar el viaje. Era la única forma de poder volver a casa.

En otra ocasión que lo visité, el Sr. Azevedo me pidió que fuera a ver a un médico amigo suyo para que me hiciera un reconocimiento. Cuando llegaron los resultados me llamó a su oficina y me hizo sentar. Recuerdo esa visita como si fuera hoy. Me dijo: "No sé qué voy a hacer contigo, hijo. El médico piensa que no vas a crecer mucho más, y para jugar en las mayores tienes que tener un cuerpo grande y fuerte". Yo medía 5' 9" y medio en aquel entonces y estaba bien flaco.

Lo que recuerdo de aquel momento es que me enfadé. Le dije: "Escucha. Voy a ser un gran jugador de las Grandes Ligas no importa cómo. Sea grande o pequeño. Eso no importa. Lo que importa es mi determinación. O sea que olvídate de toda esa tontería de que soy pequeño. Cueste lo que cueste voy a llegar a donde necesito llegar". Me fui encabronado. Hasta el día de hoy no sé por qué me dijo esas cosas. Si no hubiera tenido tanta fe en mí mismo me podría haber hecho mucho daño.

Pronto el señor Azevedo y yo nos separamos. Pensé que había firmado como profesional, pero en realidad no había firmado con nadie. Mi contrato aparentemente nunca lo habían enviado a Estados Unidos. Y aunque en mi corazón era un profesional, en realidad nunca lo había sido. Entonces escuché que el Sr. Azevedo había tenido un malentendido con los Phillies y había dejado el trabajo. Hasta el día de hoy no sé lo que pasó. Y no me iba a dar ninguna explicación, porque yo era un Don Nadie. Pero cuando me enteré que no iba a ser un jugador de los Phillies de Philadelphia, fue un golpe durísimo. A todos los jugadores que habían fichado con el Sr. Azevedo no les quedó más remedio que buscarse otra oportunidad.

En aquel tiempo yo era probablemente el jugador menos deseable del grupo, porque los otros cuarenta eran mayores que yo y más desarrollados físicamente. Los buscatalentos de San Pedro pensaron que los otros merecían una oportunidad mejor que la mía, y hubo algunos que firmaron inmediatamente contratos con los Bravos de Atlanta y otros equipos.

Y ¿qué me pasó a mí? No tuve ninguna oferta. ¿Pero saben qué? De todos aquellos jugadores ¿cuántos creen que alcanzaron las Grandes Ligas? Uno.

Sammy:

Ésto ahora me hace sonreír, pero no sonreía en aquel entonces. Para peor, cuando la gente de mi barrio se enteró de lo que me había pasado, algunos de mis amigos en los que pensaba que podía confiar me defraudaron. Me dijeron que no tenía talento y que nunca alcanzaría las ligas mayores. Era como si mi fracaso los hiciera sentir mejor.

Mi madre, mi hermano Luis y toda la familia me aconsejaron que no les hiciera caso. Y así hice. Lo único que podía hacer era seguir entrenando solo. Empecé de nuevo a entrenar con Héctor en el parque y pegando a mazorcas en mi barrio. Supe entonces quiénes eran mis amigos verdaderos y me di cuenta de lo importante que era mi familia. Me querían a pesar de todo.

No puedo decir que le guardo rencor al Sr. Azevedo. Era una buena persona. Sé que me ayudó todo lo que pudo y por eso no quiero ser mal agradecido. Lo que ocurrió entre los dos es parte de la vida. Él tenía un problema que estaba tratando de resolver y yo tenía el mío propio, que también estaba tratando de resolver.

Al final, no pudimos resolver nuestros problemas y tuvimos que separarnos. Una vez que esto ocurrió no lo volví a ver en mucho tiempo. Años más tarde me enteré de que estaba muy enfermo. De hecho falleció hace casi tres años. En sus días finales necesitaba ayuda y le presté 25.000 dólares para que se fuera a Cuba a recibir tratamiento. Sé que le hizo feliz recibir mi ayuda. Para mí era una oportunidad de mostrarle que no le guardaba rencor.

Aunque las cosa no marcharon, tenía tan sólo 16 años cuando me liberaron. Mis deseos de hacerme profesional eran más fuertes que nunca. Y todavía tenía muchos incentivos. Para empezar, mi familia todavía vivía hacinada en una casa de alquiler de dos dormitorios que era demasiado pequeña para mi madre, mi padrastro y seis hijos. Aún no teníamos suficiente para comer. La vida estaba llena de incertidumbre.

Y tenía un problema más grave. Los buscatalentos no peregrinaban a mi casa a brindarme una oportunidad. No me resigné a pensar que mis amigos del barrio tenían razón, y me mantuve atento por si había pruebas en otros equipos.

Por 1985, las ligas mayores se empezaron a percatar de que había una gran fuente de talento en mi país. Por ejemplo, Tony Peña, George Bell, Tony Fernández y Alfredo Griffin eran las estrellas de sus ligas. Los Azulejos de Toronto tenían a un conocido buscatalentos en la isla llamado Eppy Guerrero, que buscaba chicos dominicanos como yo y los convertía en jugadores que llenaba luego las filas de los Azulejos.

Los Dodgers empezaron a construir una bella academia de béisbol donde pronto empezarían a desarrollar muchos jugadores estrellas de Santo Domingo. San Pedro estaba lleno de buscatalentos, pero se decía que no les interesaba el talento local. Personas como mi amigo Héctor se quejaban de que los buscatalentos de Santo Domingo eran los únicos que viajaban a mi pueblo para encontrar jugadores de mi calibre. A mí no me importaba quién me contratara mientras alguien lo hiciera.

Alguien se preguntará por qué nunca le guardé rencor al señor Azevedo por lo que me pasó. Mi respuesta es que aunque no tuvo por qué, un día me llamó para decirme que me había conseguido una prueba con otro equipo. Tenía que presentarme en el cercano pueblo de San Cristóbal con mi indumentaria y someterme a una serie de ejercicios que me iban a dar los instructores.

Cuando el señor Azevedo me llamó, yo ya sabía en qué consistían estas pruebas. Tenías que correr sesenta yardas.

Tenía tanta confianza en mí mismo que pensé que podría hacerlo todo en el campo de béisbol. Y necesitaba esa fe, porque esta prueba no era con cualquier equipo. Esta prueba era para los Yankees de Nueva York.

Tomé el autobús a San Cristóbal y me preparé para el gran momento. Había muchos otros jóvenes como yo entrenándose en sus instalaciones y tendría que dar todo para poder sobresalir.

Había pasado por muchas cosas cuando llegué. Los instructores de los Yankees me invitaron a practicar. Pronto estaba entrenándome con el equipo, pasando las pruebas. Me fue bien y empecé a imaginarme como un Yankee. Ansiaba tanto llegar a las Grandes Ligas que casi se había convertido en una obsesión. Me entregué en cada prueba y me quedé un buen rato, esperando que la elusiva oferta se materializara por fin y tener un contrato de verdad. Aunque todavía no tenía uno, no me faltaban esperanzas de conseguirlo. Todo iba bien, muy bien. "Dios te va a premiar", dijo mi madre cuando salí de casa rumbo a San Cristóbal. Más que nada en el mundo esperaba que ella tuviera razón.

Así era como lucía de jovencito (derecha) en República Dominicana mucho antes de que mi sueño de jugar en las ligas mayores se convirtiera en realidad. Mi hermano José Antonio está a la izquierda. FOTO POR DRA. YANILKA MORALES.

Bailando con mi esposa, Sonia. Esta foto fue tomada durante un viaje que hicimos a Japón en diciembre de 1999. FOTO POR DRA. YANILKA MORALES.

En la Serie Mundial con el Comisionado de las Grandes Ligas Bud Selig, el campeón de jonrones Hank Aaron y mi agente Domingo Dauhajre (de izquierda a derecha). FOTO POR DRA. YANILKA MORALES.

Mi representante Domingo y yo con Manny Ramírez (izquierda) durante la Serie Mundial de 1999. FOTO POR DRA. YANILKA MORALES.

Divirtiéndome al conocer al primer ministro japonés, Keizo Obuchi. FOTO POR DRA. YANILKA MORALES.

Al lado del Presidente Bill Clinton y de Domingo, mi representante.
FOTO POR DRA. YANILKA MORALES.

En mi país los niños empiezan a jugar al béisbol casi al mismo tiempo que aprenden a caminar. En todas las ciudades y pueblos en cualquier parte de República Dominicana se ven chiquillos improvisando juegos en las calles, callejones y en el campo con cualquier cosa que encuentran — un palo de escoba de bate, una piedra de pelota y un neumático como valla.
FOTO POR LYNN JOHNSON/AURORA.

De abril a octubre, los dominicanos están pegados al televisor y vigilan los tablones de resultados de la temporada de las ligas mayores. Los jóvenes a veces juegan a la sombra de las antenas parabólicas que retransmiten los juegos americanos. FOTO POR LYNN JOHNSON/AURORA.

Una foto de cuando tenía veinte años y jugaba de novato con los Vigilantes de Tejas. Durante parte de la temporada de 1989 con los Vigilantes, tuve un promedio de .238 con un sólo jonrón en 84 veces al bate. FOTO POR MICHAEL PONZINI.

Después de jugar tan sólo 24 juegos con Tejas en la temporada de 1989, me traspasaron a los Medias Blancas de Chicago en un acuerdo de cinco jugadores el 29 de julio de 1989. FOTO POR MICHAEL PONZINI.

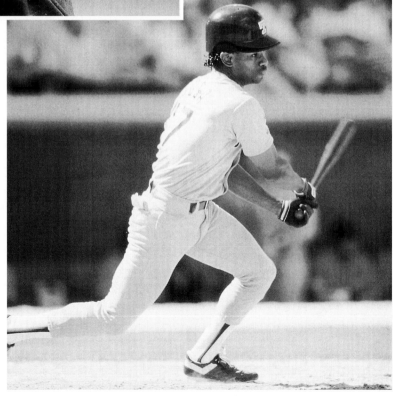

Disparé el jonrón número 26 de
mi carrera en Comiskey Park,
había entrado al juego como
emergente durante mi decepcio-
nante temporada de 1991 con los
Medias Blancas. FOTO POR
MICHAEL PONZINI.

Siempre me había esforzado por
los Medias Blancas pero era joven
y tuve que lidiar con titubeos al
bate, ponches y ser enviado de
vuelta a las ligas menores.
FOTO POR MICHAEL PONZINI.

Me sentía incómodo por la forma de batear que enseñaban los Medias Blancas. La costumbre del equipo era que los bateadores mantuvieran la cabeza baja, el peso hacia atrás, pegaran bajo a la pelota, bajaran el hombro y soltaran la mano superior – todo esto iba en contra de mi forma natural de pegar. FOTO POR MICHAEL PONZINI.

Es muy importante mantener el sentido del humor durante una temporada larga. FOTO POR MICHAEL PONZINI.

Al principio de mi carrera como Cachorro el equipo intentó varias cosas incluso que bateara el primero. FOTO CORTESÍA DE LOS CACHORROS DE CHICAGO/STEPHEN GREEN.

Chicago es una gran comunidad que ama sus deportes. No hay nada como el Estadio Wrigley lleno de hinchas de los Cachorros, animándote. FOTO CORTESÍA DE LOS CACHORROS DE CHICAGO/ STEPHEN GREEN.

4

"¡Mamá, Somos Millonarios!"

Todo marchaba bien con los Yankees. Estaba jugando bien, me entrenaba con los otros candidatos dominicanos y confiaba en que me contrataran. Tenía dieciseis años y era fines de 1984, un año muy frustrante para mí. Un día después de una práctica, todos los muchachos a prueba estábamos en los dormitorios. Recuerdo ésto como si fuera ayer, estábamos descansando después de los ejercicios.

Me fui al baño en ropa interior y al salir vi que la señora de la limpieza entraba en ese momento en la habitación. Me dio un poco de vergüenza pero no le di importancia. Había sido un accidente.

Al día siguiente fui al estadio a entrenar y el técnico encargado del campamento de los Yankees me comunica que me han echado del equipo. Al parecer, uno de sus empleados le había dicho que yo salí del baño en ropa interior a propósito. Y delante de los demás jugadores me dijo: "Quítate el uniforme, te hemos echado del equipo".

Me quedé duro. Delante de los demás jugadores me tuve que quitar el uniforme y marcharme. Le dije que me estaba expulsando del equipo sin razón, que era totalmente injusto.

Pero no se inmutó. Después dijo: "No te preocupes. Me volverás a ver en las Grandes Ligas".

Me fui de allí y todavía seguía sin un contrato. El tiempo transcurría rápidamente. Pronto 1984 dio paso a 1985, y a más rechazos. Por ejemplo, un día estaba en casa en San Pedro tratando de acercarme furtivamente al buscatalentos local de los Bravos de Atlanta. Se llamaba Pedro González. Estaba sentado cerca de él en el estadio de béisbol, tratando de que me mirara. Lo miraba y miraba. Pero él estaba conversando con otra persona y no me hacía ningún caso. Lo miraba insistentemente, como un famélico mira un plato de comida cuando tiene hambre. Que era exactamente como me sentía.

Al rato, uno de los empleados de González que me conocía le comentó: "Pedro, este es Sammy Sosa. Era uno de los jugadores que contrató Francisco Azevedo".

Me estudió unos momentos y manifestó: "No, yo no contrato a jugadores raquíticos".

Me tuve que marchar.

Poco después los Expos de Montreal consideraron contratarme. Por aquel entonces, su buscatalentos dominicano era Jesús Alou, el ex jugador de las Grandes Ligas cuyos hermanos Matty y Felipe también jugaban en las ligas mayores. Todo el mundo sabe que Felipe Alou es uno de los gerentes más respetados del béisbol y una fuente de orgullo para mi país. Los Alous habían nacido y se habían criado en Santo Domingo. Me entrené con Jesús por dos semanas. Algunos de nosotros competíamos por el mismo puesto. Finalmente eligieron a otro jugador.

Poco después empecé a entrenar con los Mets de Nueva York, pero nadie me prestó atención. Siempre me ocurría lo mismo. Todos los buscatalentos me veían jugar, hablaban de mí pero al final todo acababa en nada.

Un día estaba en casa hablando con mi madre cuando

apareció un amigo mío para decirme que los Azulejos de Montreal querían que me presentara en su campo de entrenamiento para practicar con ellos. Como dije anteriormente, en aquellos tiempos no existía ningún tipo de seguridad para jugadores como yo. No teníamos ni agentes ni abogados que nos ayudaran, y los equipos nos podían pasear todo lo que quisieran sin ofrecernos un contrato. Hoy en día los equipos tienen un mes de plazo para tomar una decisión respecto a un jugador, si no lo pierden. Por este motivo hoy en mi isla se sabe más sobre lo que vale un jugador y las primas que se merece por firmar. Pero en aquel entonces, a punto de entrenar con los Azulejos no sabía qué esperar. Estaba claro que hasta ese momento las cosas no me habían ido del todo bien.

Las instalaciones de entrenamiento de los Azulejos estaban dirigidas por un buscatalentos llamado Eppy Guerrero, que se había hecho famoso por descubrir a Tony Fernández, que había ganado varios Guantes de Oro para los Jays. Guerrero había mandado a muchos jugadores a las Grandes Ligas y era uno de los principales impulsores de los jugadores dominicanos en el béisbol.

Guerrero tenía su propia academia donde entrenaba a los jugadores en las principales técnicas del juego y preparaba a los mejores diez para que viajaran a Estados Unidos. Los Dodgers de Los Angeles competían duro con Guerrero por jugadores. Otros equipos lo estaban copiando y estaban construyendo academias de las que extraían un gran número de talentos.

Pero cuando llegué al campamento de los Azulejos era la misma historia de siempre. Practicaba duro, los entrenadores me alababan pero continuaba sin contrato. Era el verano de 1985. Eppy Guerrero me explicó que quería contratarme pero que había otros jugadores que deseaba enviar a Estados Unidos. Había trabajado duro para él, pero por algún motivo no había conseguido que me fichara. Siempre pasaba algo.

Recuerdo que era viernes por la tarde y los Azulejos nos

mandaban de vuelta a casa por el fin de semana. Me había estado entrenando con la organización un par de meses. En las instalaciones de Eppy, que quedaban justo al norte de Santo Domingo, había muchos jugadores dominicanos. Me monté al autobús listo para emprender el viaje de dos horas a casa, con una parada para hacer transbordo en la estación principal de autobuses de la capital.

No había transcurrido ni un año desde que Francisco Azevedo me había contratado supuestamente para los Phillies, pero todavía no tenía lo que ansiaba: un contrato profesional. Lo que desconocía al subirme a ese autobús era que había otros buscatalentos interesados en mí y que proyectaban contactarme antes de que yo llegara a San Pedro.

Para ser preciso, dos cazatalentos me perseguían. Se trataba de Amado Dinzey y Omar Minaya—ambos trabajaban para los Vigilantes de Tejas. Minaya era un nuevo buscatalentos al que los Vigilantes pidieron que buscara jugadores en mi país. Dinzey trabajaba para él. Yo había conocido a Amado unos años atrás y me había entrenado con él. Cuando me vio la primera vez yo era muy joven, tenía sólo catorce años. Aunque era demasiado joven en aquel entonces, me enteré más tarde que me había estado siguiendo los pasos desde aquel primer encuentro, justo después de que empezara yo a jugar béisbol de equipo.

Amado Dinzey:

La primera vez que vi a Sammy fue en el año 1983. Yo estaba en el estadio de San Pedro viendo la final de un campeonato entre dos equipos de aficionados. No trabajaba como buscatalentos pero estaba sentado con uno de los Indios de Cleveland y otro de los Medias Blancas de Chicago. Todo estábamos comentando el poco nivel de los jugadores del partido, cuando un chiquillo se nos acercó y nos dijo que tenía a alguien que quería que conociéramos.

Le dijimos que lo trajera y volvió con Sammy Sosa. Conversamos con él un rato y acordamos hacerle una prueba unos días más tarde. Esa fue la primera vez que un buscatalento profesional lo había conocido, nunca había practicado para ningún buscatalentos.

En aquel entonces era muy joven. Seguidamente, dejamos a Sammy entrenándose con el buscatalentos de los Medias Blancas, pero éste tampoco tomó ninguna decisión. Todavía no estaba listo. Luego Sammy fue a los Phillies y a los Yankees, pasó por todo eso. Mientras tanto, en 1984 Omar Minaya me dio un trabajo con los Vigilantes y empecé a buscar jugadores para contratar. Pero cuando di con Sammy estaba de nuevo entrenándose con los Azulejos de Toronto.

Recuerdo que en esa época estábamos intentando fichar a un jugador que se llamaba Bernardino Nuñez pero nos lo arrebataron los Mets. Nos sentimos defraudados pero decidí llamar a Omar y le dije: "No te preocupes, tengo un jugador todavía mejor que podemos contratar". En ese momento ya andaba cavilando como podríamos arrancar a Sammy de los Azulejos.

Omar Minaya:

La primera vez que supe de la existencia de Sammy fue en marzo de 1985, durante una conversación que tuve con Francisco Azevedo. El señor Azevedo me dijo que Sammy estaba libre por lo que le había sucedido con los Phillies y que lo debería ver. Más tarde me llamó Amado y coincidió. En aquel entonces yo estaba entrenando en la Liga del Golfo en Florida, para los Vigilantes, al tiempo que buscaba talentos en la República Dominicana. Recuerdo que Amado me dijo: "Escucha, este chico está practicando con los Azulejos de Toronto pero creo que lo podemos conseguir".

Así que dispuse viajar de Sarasota, Florida a Puerto Plata en la República Dominicana, que queda en la parte norte de la isla, a tres horas en ómnibus de Santo Domingo. En aquel entonces los Vigilantes utilizaban el estadio en Puerto Plata, así que intentamos hacerle una prueba a Sammy.

Por entonces no había reglas para buscar talento en la República Dominicana. Era un mercado abierto y había mucha pugna por los jugadores. Así que Amado arregló para interceptar a Sammy en la estación de ómnibus de Santo Domingo.

Armando tenía un hermanastro en San Pedro que llamó a la familia de Sammy para obtener el permiso de viaje a Puerto Plata. Y así fue que lo interceptamos en la terminal en Santo Domingo.

Sammy:

Al principio no quería ir. Estaba cansado, era fin de semana y había trabajo mucho durante toda la semana y además tenía mucho en que pensar. Pero tenía dos amigos que me convencieron. Me dijeron que debería ir. Antes de acceder hablé con mi familia y ellos también opinaron que debía ir. Así que hice el viaje.

Omar Minaya:

Sammy tomó el autobús hasta Puerto Plata, que quedaba algo lejos. Siempre cuento que cuando Sammy bajó del ómnibus, bajó bateando. Notabas que aunque no poseía muchas cosas, tenía una gran sonrisa, la misma que tiene hoy. Tenía muy buena disposición y caía simpático. También tenía una profesionalidad y ética del trabajo en todo lo que hacía.

Sammy era definitivamente un toletero, pero no estaba muy fuerte. Cuando pegaba a la pelota hacía buen contacto, pero la pelota moría en el jardín. Yo sabía lo que esto significaba: muchos candidatos dominicanos como Sammy están tan desnutridos que cuando llegan a la pubertad aún no se han desarrollado físicamente del todo. Sammy seguía pegando fuerte a la pelota, pero ésta moría siempre justo antes de alcanzar el jardín. La mayoría de los muchachos que veíamos no eran fuertes la primera vez que los veíamos, había que tomar esto en consideración.

Sammy me demostró un buen brazo. Y como buscador que era me di cuenta de que tenía mucha confianza en su habilidad. Y eso me agradaba. Pero, honestamente, mi primera impresión me creó dudas sobre Sammy. Me gustaba como jugador, no se confundan. Pero no corría rápido. Registraba 7,5 segundos en la carrera de 60 yardas y como buscatalento persigues jugadores que corran 60 yardas en 6,8 segundos. O sea que estaba confundido, le quería contratar y no. Estaba un poco indeciso. Ahí fue cuando Amado me convenció de que la velocidad de Sammy podía mejorar.

Amado Dinzey:

La marca de Sammy en la carrera corta de 60 yardas era mala para un jugador de pelota. Pero siempre pensé que podría mejorar. Desde que Sammy estaba con los Azulejos pensé en convencerlo y traérmelo. Cuando por fin lo conseguí le dije que debería irse de Toronto.

De hecho, todo lo que hice fue conseguir a Sammy después de que los Phillies se lo apropiaran. No entiendo por qué los Azulejos no lo querían. Probablemente por las mismas razones que Minaya, todo el mundo por aquí piensa que los jugadores deben correr como caballos de carreras.

Omar Minaya:

En un momento durante la práctica de Sammy, Amado me dijo: "Omar, sé que estás preocupado por su velocidad pero con un buen entrenamiento sé que va a mejorar".

Así que miré a Sammy y le pregunté: "¿Crees que podrás ser más veloz?"

Con una voz de convencimiento absoluto me dijo: "Lo seré".

Miré a Sammy y le dije: "Bien, confiamos en ti".

Y allí mismo empezamos a negociar Sammy, Amado y yo justo al lado de la jaula de bateo. Así es como se hacen las cosas por allí abajo. Le ofrecíamos tres mil dólares y él nos pedía cuatro mil. Él opinaba que tendría ofertas de cuatro mil dólares, pero acabamos partiendo la diferencia y dándole una prima de tres mil quinientos dólares por la firma del contrato. Todo se completó en una hora y media y de una forma muy amigable.

Una parte de ser un buen buscador de talento es tener la habilidad de disparar y tuve mi día para hacerlo. Supongo que los Azulejos no apretaron del gatillo tan rápido, y de eso se trata en este negocio. Lo planeamos desde el momento que Sammy se bajó del ómnibus. Por eso hicimos que el hermano de Amado lo interceptara.

Sammy:

Ya era un profesional. Por fin lo había logrado.

Fui a casa y se lo comuniqué a mi familia y todos lo celebramos. Pero esta vez sería distinta a la anterior. En lugar de decírselo a todo el mundo tal como había hecho anteriormente cuando firmé con los Phillies, pedí a mi familia que juraran no decirlo a nadie. Cuando llegó el momento, firmé el contrato con los Vigilantes en el aeropuerto de Santo Domingo. Y también hice otra cosa distinta: esta vez, cuando iniciamos la negociación no llevé a mi madre. Le conté cómo había transcurrido todo a posteriori. Eso le dio risa. La última vez me había dicho: "¡Siento como si estuviera vendiendo a mi hijo!" Sí, sin su presencia esta vez había logrado negociar con los Vigilantes.

En los días siguientes a la firma, delante de mis amigos del barrio actué como si nada hubiera cambiado. Seguía practicando en el parque y golpeando las mazorcas en la calle enfrente de mi casa. Pero poco a poco la gente empezó a darse cuenta de que me iba temprano por la mañana y regresaba por la tarde. Y de repente todo el mundo notó que manejaba dinero.

¡El cheque de los Vigilantes había llegado! ¡Y era por tres mil quinientos dólares! Recuerdo vivamente agarrar el cheque y llevárselo a mi madre. Se le llenaron los ojos de lágrimas y le dije: "¡Mamá, somos millonarios!"

Me había convertido en lo que quería ser: un hombre con una profesión, alguien que podía ayudar a su familia. Estaba muy concentrado en mi trabajo. Era el final del verano de 1985 y los Vigilantes me dijeron que querían que entrenara unos meses, y que después me darían la oportunidad de competir por un puesto en el entrenamiento de primavera del año siguiente. Pero eso no sería hasta marzo de 1986. Por aquel entonces tendría diecisiete años. Mientras tanto, tomé un ómnibus de San Pedro a Santo Domingo y me entrené en el Centro Olímpico que está en medio de la ciudad. Hacía esto cinco veces a la semana, entrenando más que nunca. Empecé a visualizar mis sueños de convertirme en jugador de las Grandes Ligas y, lo más importante, de ayudar a mi familia. De hecho, en esos meses previos a mi partida hacia Estados Unidos, ya estaba tomando medidas para que mi familia pudiera comer mientras yo estaba ausente. En lugar de gastar el dinero comprándome cosas, buscaba la forma de invertirlo en algo que proporcionara una renta para mi familia. Decidimos que agarraríamos una buena parte de esos tres mil quinientos dólares y los invertiríamos en la compra de una camioneta que mi familia pudiera usar como taxi. Así es que compramos una camioneta de segunda mano Toyota por mil dólares. Aunque teníamos tres mil quinientos dólares, seguíamos siendo bien pobres y yo sentía este peso. El taxi era una forma de aligerarlo.

Comprar la camioneta fue mi primera decisión de negocios. Bueno, la segunda si incluyo mi negociación con Tejas. Y como muchas otras decisiones importantes en mi vida la comenté con mi amigo Bill Chase, que para entonces se había convertido en un padre para mí.

Bill Chase:

Cuando firmó con los Vigilantes no pensé que Sammy fuera a convertirse en una estrella, aunque sí pensé que podría jugar en las Grandes Ligas. Antes de que Sammy firmara, él y su hermano José Antonio se habían hecho muy amigos de mi esposa y de mí, y pasaban los fines de semana en nuestra casa de Santo Domingo. Todos los viernes por la noche tomaban un autobús desde San Pedro a Santo Domingo y los sacábamos a cenar.

Pero antes que nada, los chicos se daban unas duchas de dos horas. No estoy exagerando. Era como la ducha semanal, y los teníamos que arrancar de allí porque nos entraba hambre de tanto esperar. Siempre cenábamos al lado del mar en Santo Domingo, en lo que los dominicanos llaman "el malecón".

El restaurante se llamaba La Parrilla y siempre cenábamos allí con un grupo de americanos que vivía en Santo Domingo. Los sábados por la noche durante la temporada de béisbol, los llevábamos a presenciar el partido de pelota. José Antonio siempre se quedaba con nosotros porque todavía era jovencito. Pero a Sammy no lo volvía a ver hasta que estábamos listos para irnos, siempre se juntaba con sus amigos.

Desde que Sammy tenía catorce años, esto se convirtió en algo así como un ritual. Cualquier cosa que los muchachos quisieran se lo dábamos. Parecía como si estuviéramos ayudando a su familia a sobrevivir. Mi esposa y yo habíamos creado un fondo para ayudar a la familia de Sammy. No era mucho dinero, pero llegaban a sacar un promedio de cien dólares semanales. Y, de repente, Sammy firmó el contrato con los Vigilantes, del que yo sabía nada. Estaba bien, no me tenía por qué contar todo. En ese momento siempre estaba ayudando a los muchachos dándoles algo extra para que pudiera ayudar a su familia.

Después de que Sammy firmara su contrato con los Vigilantes vino y me pidió prestado un dinero para comprarse una camioneta. Fue la primera vez en su vida que le negué algo. Le dije: "No gastes el dinero en eso. No vas a tener tiempo de manejarla. No va a salir bien y vas a perder todo el dinero". Pero Sammy siguió adelante y se compró la camioneta.

Sammy:

Asiduamente había pedido cosas a Bill y siempre me había ayudado a mí y a mi familia. Siempre pedíamos y esperábamos para ver si nos decía sí o no. La camioneta era importante debido a nuestra situación financiera. Antes de irme a Estados Unidos, hasta la manejé yo de taxi por las calles de mi pueblo.

Alrededor de esta época me compré otra bicicleta azul y la montaba por todo el barrio. Estaba feliz, verdaderamente feliz con mi éxito y decidí que quería encontrar a alguien con quién compartirlo.

Así que me monté en mi bicicleta y me fui a buscar una novia. En esa época todavía era un chico de barrio con el pelo afro. Me acerqué a una jovencita que conocía y le pregunté que si quería ser mi novia. Ella me contestó que no. Me aproximé a otra, la misma respuesta. Me acerqué a la tercera, rechazado de nuevo. La cuarta: "Piérdete".

Me acerqué a otra con mi bicicleta y le hice la misma pregunta que hasta ahora sólo había logrado rechazo. La respuesta fue la misma: no.

Sospecho que pensaron que nunca lograría llegar a ninguna parte. Me juzgaban por mi aspecto. Supongo que no debía impresionar mucho con mi bicicleta azul.

Decidí que no había otra alternativa que seguir el camino que Dios me había trazado. Mi fe era más fuerte que nunca.

Pensé: "Voy a seguir hacia delante". Y así hice.

Al empezar 1986 sabía que el gran momento estaba a punto de llegar: la oportunidad para viajar por fin a Estados Unidos y perseguir mi sueño de jugar en las mayores. Como de costumbre, Bill me estaba ayudando nuevamente.

Me regaló un juego de pesas y unas barras con pesas para aumentar la fuerza de la parte superior de mi cuerpo. No era Nautilus ni nada por el estilo, pero las usaba todos los días. Bill me había dicho que encontraría jugadores norteamericanos mucho más grandes que yo y que necesitaba fortalecer la parte superior de mi cuerpo y las piernas. Sobre mis piernas me dijo: "Corre por la playa hasta que te duelan". Y así hice, corría lo más que podía. E iba mejorando. Omar Minaya me diría más tarde que estaba sorprendido de lo rápido que estaba mejorando en tan poco tiempo. Corría más rápido y me estaba volviendo más fuerte. Los Vigilantes me pagaban el transporte de ida y vuelta a Santo Domingo, y las comidas.

En febrero de 1986 llegó la gran prueba. Los Vigilantes habían organizado un entrenamiento clave en el que evaluarían a los candidatos dominicanos, para decidir quiénes irían al entrenamiento de primavera. Este no sería un entrenamiento cualquiera. Sandy Johnson, que era el director de los buscatalentos de los Vigilantes en aquel entonces, viajó a Santo Domingo para observar por sí mismo los entrenamientos. Sandy no me conocía y nunca me había visto anteriormente. Yo no estaba nervioso por lo que se avecinaba. Tenía fe en mí.

Estaba en el jardín derecho pegando elevadas y disparando duro al cuadrado. Los entrenadores me contaron que Sandy estaba sorprendido por lo que vio. No sabía qué esperar y estaba auténticamente impresionado por la fuerza de mi brazo.

Entonces me vio pegarle a la pelota y lo hice muy bien. Debido a todo el trabajo que estaba haciendo con la pesas, mis golpes ya no morían en el jardín bajo. Viajaban.

Estaba haciendo mis prácticas, cuando de repente Sandy me dijo que me acercara.

Nunca me olvidaré lo que me dijo: "Cuando estés en las mayores, no quiero que seas un impetuoso como Rubén Sierra, porque vas a ser mejor que él". Por entonces Rubén era uno de los candidatos más prometedores en el equipo de los Vigilantes. Era un jardinero derecho puertorriqueño que alcanzó grandes éxitos a finales de los ochenta y principios de los noventa. En 1989, de hecho, casi ganó el titulo de Jugador Más Valioso de la Liga Americana. Rubén también era conocido por su fuerte temperamento, y supongo que Sandy me estaba diciendo esto porque veía que era un jugador agresivo en el campo.

La práctica terminó rápido y me fui a casa.

Continuaba ayudando a mi familia con la camioneta, pero el negocio del taxi se estaba complicando. Se estropeaba continuamente y no le sacábamos mucho dinero. Entre eso y otros gastos, el dinero de mi prima por firmar el contrato se había esfumado. Y empecé a rezar por una oportunidad, confiando en haber causado suficiente buena impresión para ganar un puesto en el entrenamiento de primavera. Si no lo lograba, me pasaría el verano jugando con otros candidatos dominicanos en rodaje. Nadie en mi situación deseaba eso. Todos queríamos ir a Estados Unidos.

Entonces comprendí nuevamente lo que mi madre siempre me había dicho: la vida te trae tanto bendiciones como retos. Finalmente vendimos la camioneta por cien dólares.

Antes de que esto sucediera, esa camioneta fue un quebradero de cabeza y un gran disgusto para mi familia. La gente importante que me conocía bien, como Bill Chase y Omar Minaya saben el problema que representó en mi vida esa camioneta.

Me advirtieron sobre la distracción y las preocupaciones monetarias. Supongo que se me notaría en la cara—me pesaba porque en esos primero años sentía la responsabilidad de cuidar a mi familia. Sentía como si la familia estuviera en mis manos y quería hacer todo lo que pudiese por ellos.

Pero lo que me dio esperanzas fueron las bendiciones que se me estaban presentando. Tuve noticias de los Vigilantes: ¡Me iba a Estados Unidos!

El equipo me había comprado un billete de avión que salía de Santo Domingo, pasaba por Miami y hacia conexión hacia Plant City, Florida—el lugar del entrenamiento de primavera de los Vigilantes.

Nunca había visto tanta excitación en casa. Mi madre y

otros familiares juntaron dinero y me hicieron una fiesta de despedida. Fue estupenda. Y cuando llegó el gran día, toda mi familia me acompañó al aeropuerto internacional de Santo Domingo para lo que era no sólo mi primer viaje a Estados Unidos sino mi primer viaje a cualquier lugar.

Recuerdo que ese día estaba más nervioso que nunca. También estaba contento porque no iba solo. Dos amigos míos—Billy Wilson y José Concepción—viajaban conmigo. También era mi primer viaje en avión.

Pero aunque yo estaba contento, mi madre no. Nunca nos habíamos separado, su deseo era tener a sus hijos siempre alrededor. Cuando llegó ese día habíamos pasado por tantas cosas juntos. Pensé en todo esos momentos esa mañana cuando me marchaba—todos los momentos que compartí con mi familia y cómo habíamos sobrevivido juntos y nos habíamos unidos más que nunca.

Cuando ella cuenta este relato todavía se le llenan los ojos de lágrimas.

Mireya Sosa:

No me gusta recordar ese día. Lloré tanto. Siempre había tenido a mis hijos conmigo y ahora Mikey se marchaba. No podía parar de llorar. Todos estábamos juntos y le dije a Mikey: "Hijo, preferiría que no te fueras. Te quiero tanto".

Sammy:

Le dije que no se preocupara. Le repetía: "Mamá, me voy pero regresaré".

Dije adiós a mis hermanos y hermanas, y vi como esto dolía a mi madre.

Mireya Sosa:

Se fue a coger el avión y lo mirábamos. Por la ventana pude ver como entraba. Miró por la ventanilla de su asiento y sonrió. Y entonces nos dio la señal con su pulgar. Yo no podía parar de llorar.

El avión empezó a moverse con mi hijo adentro y se fue. Me quedé quieta mirando como despegaba. Mi otros hijos estaban listos para marcharse. Pero yo no. Todavía no.

El resto de la familia empezó a impacientarse. Uno de ellos dijo: "Ven, mamá. Vámonos".

Yo le contesté: "Espera". Por la ventana vi como a la distancia el avión se volvía más y más pequeño. No me podía marchar hasta que no desapareciera.

Sufrí mucho en esos primeros meses cuando se fue Sammy. Comprendía que estaba cumpliendo con su destino, pero como madre me rompía el corazón verlo marchar.

Sammy siempre me ha dado tanta fuerza, siempre ha sido tan buen hijo, tan buen hermano. Me quedé allí hasta que no vi más el avión. Entonces era hora de marcharse.

Él se había ido.

5

Los Años Frágiles

Aquí estaba en el avión y más nervioso que nunca. No recuerdo mucho el viaje pero sí lo que me ocurrió cuando llegué. El avión estaba a punto de aterrizar en el aeropuerto internacional de Miami y estaba lleno. El piloto aterrizó y paramos, aunque todavía estábamos en pista.

He volado cientos de veces desde entonces y como pasajero sabes que te tienes que quedar sentado hasta que el avión se pare delante de la puerta de salida. Siempre sabes cuándo por la voz familiar diciéndote que puedes agarrar tus valijas y salir.

Bien, pues aquí estoy yo, que nunca había viajado antes y sin saber que no había llegado aún a la terminal. Así que yo y mi amigo, Felipe Castillo, que estaba sentado a mi lado, nos soltamos el cinturón de seguridad, nos levantamos y empezamos a agarrar nuestras valijas del portamaletas.

De repente noté que todo el mundo nos miraba y que las azafatas nos decían en inglés que nos sentáramos. Yo dije: "Felipe, ¿ qué pasa?"

Y me dice: "Maldita sea, creía que ya habíamos llegado".

Todavía me da risa acordarme de esto, porque lo dijo de una forma tan graciosa. Estábamos parados en el avión cuando este se empezó a mover de nuevo, así que nos sentamos lo más rápido que pudimos, pero era demasiado tarde. Todo el mundo nos miraba como si estuviéramos locos. Esa fue mi primera experiencia en Estados Unidos.

Después de eso, ya estábamos en puerta y había una persona dándonos la bienvenida a Miami en inglés y en español; "¡Bienvenidos a Miami y a sus playas!"

Teníamos que tomar el vuelo de conexión a Plant City, que como descubrimos, estaba del otro lado del aeropuerto. Casi perdemos el vuelo entre pasar aduanas y que ya íbamos retrasados.

No llegamos a Plant City hasta tarde esa noche. Una vez que llegamos al hotel estaba muy cansado pero recuerdo que miré a mi alrededor y admiré lo bonito que era el hotel. No sé exactamente dónde nos quedamos, pero recuerdo que no era de la misma categoría de los hoteles donde me hospedo ahora que juego para las Grandes Ligas. Pero para mí, en ese momento, ese hotel era un palacio.

A los pocos días empezamos a entrenar con todos los candidatos a Vigilantes y a acostumbrarnos a su forma de hacer las cosas. El equipo nos daba de comer por las mañanas y de nuevo alrededor de las cuatro de la tarde. Después de eso dependía de ti. Si tenías dinero te comprabas una pizza o ibas a McDonalds o algo por el estilo. Recuerdo que yo lo pasaba mal porque muchas veces no tenía dinero. Enviaba casi todo mi sueldo de setecientos dólares a mi familia. Eso significaba que muchas veces a las siete u ocho de la noche estaba muerto de hambre. Trabajábamos muy duro, mi cuerpo se estaba desarrollando y siempre tenía hambre. Durante las comidas con el equipo comía mucho, y después me llenaba los bolsillos con más comida que llevaba a mi habitación para comer más tarde.

En las ligas menores durante los campamentos de entrenamiento, así como durante la temporada regular, un grupo de muchachos comparten la misma habitación, para ahorrar gastos. Durante el primer entrenamiento de primavera compartía la habitación con mis amigos Billy Wilson, Ángelo Encarnación y algunos amigos, todos estupendos. A todos nos hacía falta dinero, pero en especial a mí.

Poco después de llegar a Plant City tuve un problema económico que de verdad me afectó. Estaba protegiendo con mi vida los cuarenta dólares con los que había llegado a Estados Unidos. Al mismo tiempo me estaba acostumbrando a la forma de hacer las cosas de los Vigilantes. Una de esas cosas era el lavadero. Todos los jugadores tenían que poner su ropa sucia en una canasta para que la lavaran. Un día eché un par de pantalones a lavar y se me olvidó la cartera en el bolsillo trasero. Los pantalones acabaron en la lavadora con la cartera y los cuarenta dólares y todo lo demás. ¡Perdí todo el dinero! En ese momento, esto era un desastre. ¡Había perdido el único dinero que tenía!

Estaba jugando béisbol sin saber ni una palabra de inglés. No sabía nada. Tenía que pedirle a todo el mundo que me ayudara con todo, hasta con las tareas más sencillas.

Los jugadores dominicanos nos levantábamos más temprano que los demás jugadores porque teníamos que tomar un ómnibus al estadio y nos preocupaba confundirnos y llegar tarde. Pero cuando tienes la necesidad de convertirte en alguien, no permites que esas cosas te desmoralicen. Y yo tenía la necesidad de ser alguien. El camino es difícil—y digo "es" porque todavía no ha terminado. El camino continúa para mí.

Recuerdo que todos los jugadores hispanos vivíamos con una especie de Espada de Damocles encima de nuestras cabezas al llegar a Estados Unidos para el entrenamiento de primavera. No queríamos bajo ninguna circunstancia que nos mandaran de vuelta a la República Dominicana. Por aquel entonces teníamos allá una liga de verano—no como la que tienen hoy en día donde juegan todos los dominicanos antes de venir a Estados Unidos. Allá por 1986 era para los excluidos, aquellos jugadores que no daban la talla en Estados Unidos y necesitaban seguir trabajando. ¡Créanme, no queríamos regresar!

Así que me entrenaba duro, verdaderamente duro. Practicaba constantemente en el jardín, y recuerdo de aquellas sesiones cómo todo me sorprendía. Miraba a mi alrededor y decía: "Maldita sea, qué grandes son estos americanos". Estaba entre ellos en el campo y me parecían gigantescos. Yo estaba creciendo físicamente, pero mis circunstancias eran diferentes a las de ellos; no habíamos comido igual y eso se notaba. Todos parecían fuertes y yo todavía era muy joven.

Aunque muchas veces durante las prácticas de bateo me daba cuenta de que bateaba mucho mejor que ellos. Eso me daba esperanzas. Al final de ese primer campamento intenté hacer todo lo posible para demostrar a los americanos que mi puesto estaba allí.

Otros jugadores dominicanos que conocía, entre ellos Omar Minaya, también estaba allí. Me enteré que si me quedaba en Estados Unidos y me enviaban a la Liga de los Novatos en Sarasota, Florida, Omar también estaría allí como entrenador y hermano mayor de los jugadores latinos del equipo.

Hoy, muchas de las Grandes Ligas usan este sistema. Contratan entrenadores hispanos para que ayuden a los jugadores latinos en los entrenamientos y para ayudarlos en su adaptación a la vida en Estados Unidos. Eso era un gran reto para todos nosotros pero Omar estaba allí para ayudarnos.

Omar Minaya:

En ese momento Sammy era una persona muy alegre; tenía una energía muy positiva que se manifestaba en su sonrisa y en su forma de ser. Era un muchacho centrado y deseoso de entender la nueva cultura en la que ahora participaba. Recuerdo que tan pronto llegó Sammy, al entrenamiento de primavera, empezamos a retarlo. Enseguida lo enfrentamos a jugadores de Triple A para ver lo que era capaz de soportar.

Recuerdo verle pegar un doble durante ese juego. Por entonces, Rubén Sierra estaba a punto de estrenarse en las Grandes Ligas y aquí estaba Sammy, tratando de competir con Rubén. La gente empezó a preguntarse, "¿quién es este tipo?" Por su agresividad y confianza en sí mismo se comportaba como si perteneciera, como si su momento estuviera por llegar. En esa época había otro jugador recién llegado que se llamaba Juan González. Lo más sorprendente de estos dos fue que la primera vez que se conocieron gravitaron el uno hacía el otro y de repente se pusieron a tirar y a coger bolas en el jardín. La primera vez que jugaron al catch como profesionales fue juntos ¡Sammy Sosa y Juan González! Pero hay que recordar que en aquel momento había un largo trayecto hacía las ligas mayores. Igualmente, se veía que había talento.

Sammy había mejorado su velocidad, su fuerza iba en aumento y su brazo de lanzar estaba mejorando. Juan era un chico puertorriqueño de dieciseis años y estaba en las mismas circunstancias que Sammy. Quizás estaba un poco más avanzado porque hasta ese momento había jugado más partidos de pelota organizados que Sammy.

Los partidos de béisbol organizados en San Pedro de Macorís no estaban ni bien entrenados ni organizados. Sammy era sin duda un diamante en bruto. Sabíamos que era sólo cuestión de que Sammy se concentrara, quitándole del medio cualquier problema que lo distrajera del béisbol.

Algo que afectaba más a Sammy que a los otros jugadores era el estrés. Sammy estaba muy estresado. Él tenía que mantener a su familia con su sueldo y eso era difícil.

Había comprado una camioneta con el bono de su contrato pero el negocio no había resultado. Traté de asegurarme de tener siempre algún dinero por si le hacía falta y demostrarle que podía contar conmigo.

Sammy siempre había exteriorizado sus sentimientos y se notaba si tenía algún problema, se le veía en la cara. Siempre se preocupaba por que su familia estuviera bien protegida. Justo después de llegar a Estados Unidos su padrastro enfermó. Esto ocurrió justo después de que el negocio de la camioneta se viniera a pique. Así que siempre estaba ahorrando sus dólares y enviándolos a su madre.

Para un jugador latino, los primeros años en Estados Unidos son frágiles. Mucho de los chicos nunca llegan a las mayores. [Nota del Editor: Las estadísticas proporcionadas por las Grandes Ligas demuestran que entre un 90 a un 95 por ciento de los candidatos extranjeros terminan en la Clase A.]

Sammy ahorraba dinero y de vez en cuando me pedía unos veinte dólares por aquí y por allá. Con el tiempo aprendí que si alguien en la calle estaba en peores circunstancias que él y le pedía dinero, Sammy siempre lo ayudaba. Este es un detalle que lo hace digno de admiración.

Sammy:

Estaba llegando al fin del entrenamiento de primavera y, como ya he dicho, estaba empezando a preocuparme. Cuando recién llegué no sabía dónde estaba parado ni qué planes tenían para mí.

Así es como yo me sentía el día de la selección de los jugadores que se quedarían y de aquellos que regresarían a casa. Los Vigilantes tenían un tablón de noticias enorme y nos dijeron que allí iban a poner los nombres de los jugadores que se quedarían. Si tu nombre no aparecía, tenías que volver a casa.

Ese día mis amigos y yo corrimos hacia el tablón y nos empujamos hasta llegar justo enfrente. Todos los jugadores estaban allí y había gritos y alaridos. Yo estaba frenético; miraba el tablón de arriba a abajo buscando mi nombre en algún lugar, donde fuese.

Miré hacia arriba pero no lo vi. Mis amigos gritaban: "¿Dónde está mi nombre? ¿Dónde está mi nombre?"

Mi amigo Billy Wilson estaba allí conmigo. Billy es dominicano pero tiene nombre inglés porque sus antepasados son de Antigua. Al seguir buscando mi nombre me di cuenta de algo horrible. A él no lo habían elegido. Lo mandaban de vuelta a República Dominicana.

Estaba tan disgustado como yo. Estaba triste. Mi amigo Billy no quiso regresar a Santo Domingo.

Dejó el equipo y se marchó para Nueva York. Traté de convencerlo de que no lo hiciera. Le dije: "Billy, no abandones. De verdad que tienes talento. Puedes llegar a las ligas mayores". Pero estaba tan disgustado que ni me escuchó. Y se largó.

Fue muy triste porque Billy, igual que mi amigo José Concepción, había sido un amigo de verdad. La clase de amigos que te llenan de confianza, que te impulsan hacia adelante, que te dicen que no tienes por qué aguantarle nada a nadie. Nunca me olvidé de eso ni de ellos, porque siempre me demostraron que eran amigos de verdad.

Ese día me sentí mal por Billy, pero al mismo tiempo me sentí afortunado. ¿Cómo descubrí mi bendición?

No encontraba mi nombre pero de repente vi algo que me levantó el ánimo. Ahí mismo. Abajo de la última página. En letras diminutas. Ahí estaba ese regalo para mis ojos. Sólo era una palabra. SOSA. ¡AY, DIOS MIO! Me quedaba en Estados Unidos.

Los Vigilantes me iban a enviar a Daytona Beach, Florida para lo que ellos denominaban un extendido entrenamiento de primavera y eso es exactamente. Una sesión extra de entrenamiento que todos los equipos ofrecen para los novatos como yo. Practicábamos en Daytona desde finales de marzo hasta junio y después nos enviaban a Sarasota para el juego de la Liga de los Novatos. La temporada de la Liga de los Novatos es siempre la más corta porque está repleta de jóvenes como yo que están dando sus primeros pasos en el mundo del béisbol profesional.

Teníamos a un buen ramillete de talentos. Yo competía con algunos muchachos que no sólo alcanzarían las Grandes Ligas sino que se convertirían en estrellas, en algunos casos en super estrellas.

En el equipo de esa liga de los novatos en 1986, los Vigilantes tenían a Juan González, que ganaría el premio al Jugador Más Valioso de la Liga Americana en 1996 y 1998.

En tercera base teníamos a Dean Palmer, que se acababa de graduar de la secundaria en Tallahassee, Florida y que hasta la fecha ha tenido tres temporadas con las mayores donde ha logrado más de 30 jonrones y dos temporadas con 100 carreras impulsadas.

De paracorto teníamos a Rey Sánchez, oriundo de Río Piedras, Puerto Rico, uno de los muchachos con los que más me divertía. Igual que Juan, este era su primer año en la liga profesional y un grupo de nosotros pasábamos el tiempo libre visitando McDonald's.

Rey fue un sólido paracorto de las Grandes Ligas durante diez años y jugó muy bien con nosotros ese año en Sarasota con un promedio de .290.

Nuestro lanzador estrella era el número uno de la selección 1986, un lanzador diestro que lanzaba tan fuerte que nadie, excepto yo, quería practicar bateo con él: Kevin Brown. Recuerdo que la primera vez que lo vi tenía un increíble lanzamiento. Hasta en aquel entonces era un jugador intimidante y duro. Pero a mí no me asustaba, me encantaban los retos. Recuerdo haber pegado un par de sus lanzamientos contra el muro.

Por ser uno de los primeros en la selección y además americano, Kevin vivía una vida distinta a la mía. Su vida incluía carros Corvette y mucho dinero en primas. Como jugador latino siempre estás consciente de las diferencias entre tú y los americanos, pero no permites que afecte lo que tienes que hacer.

Kevin no se quedó mucho tiempo con nosotros ese verano en Sarasota. Después de tres juegos, los Vigilantes lo ascendieron rápidamente y lo mandaron a las Doble A en Tulsa, una increíble promoción y después se lo llevaron al gran club para terminar la temporada del '86.

Yo también quería ascender rápido y pensé que podría. Al llegar a Daytona Beach recuerdo que quería jugar pelota en la Clase A. Pensaba que estaba listo para eso. Uno sabe cuando puede lograr algo y además le estaba pegando muy bien. Pero no me seleccionaron para la A, dijeron que era demasiado joven y que me faltaba madurez. Tenía que tener paciencia, pero no me resultaba fácil.

Recuerdo que durante este tiempo empezamos a conocer Daytona y, por extensión, Estados Unidos. Cuando recién llegamos a Daytona recuerdo que el equipo nos invitó a cenar a un restaurante chino de autoservicio. Durante la extensión del entrenamiento de primavera, el domingo era nuestro único día libre e íbamos para allá: Felipe Castillo, Rey Sánchez, Juan González y yo. Dos dominicanos y dos puertorriqueños.

Recuerdo que el dueño no podía creer cuánto comíamos. Más tarde cuando nos veía llegar gritaba: "¡No, no, Ningún pelotero! ¡Ustedes comen demasiado!"

Como los jugadores latinos no teníamos carro, lo único que podíamos hacer para entretenernos era caminar por la playa que quedaba frente al hotel. Siempre íbamos a la playa. Cuando llegó el momento de mudarnos a Sarasota, nos fuimos a vivir juntos a un diminuto apartamento con otro jugador que se llamaba Mickey Cruz.

Todos vivíamos juntos y hacíamos todo juntos. La gente a veces me pregunta cómo era jugar con Juan González. Yo les digo que es estupendo. Es, y siempre ha sido, una gran persona. Sus amigos lo conocen como Igor, un apodo que le dieron en Puerto Rico. Desde entonces se sabía que iba a ser un gran jugador. Durante las siguientes tres temporadas, ascendimos de categoría juntos. Cuando los dos empezamos a jugar en serio no tardaron mucho en fijarse en nosotros.

Pero como siempre, durante esos primero años siempre estaba en mi familia y en cómo irían las cosas por casa. Durante mi primer año en las Ligas Menores, mi madre también enfermó y yo me desesperaba al no tener noticias suyas.

Mireya Sosa:

Tenía problemas de circulación en las piernas y me sentía muy enferma. También extrañaba mucho a Sammy. Hacía algún tiempo que no sabía de él y eso me entristecía. Pero un día, de sorpresa, mi familia arregló para que pudiera hablar con él. Amado Dinzey se acercó a casa y dijo: "Tienes que hablar con tu hijo. Está de vuelta en Florida y está preocupadísimo, está desquiciado". Cuando escuché la voz de Sammy no pude contener las lágrimas.

Me dijo: "¿Mamá estás llorando?"

Le contesté: "Son lágrimas de alegría, me da tanta alegría escuchar tu voz".

Hablamos por teléfono casi una hora y media. Me preguntó por sus hermanos y hermanas y por todo el mundo. Tengo la suerte de que siempre me ha tenido muy cerca de su corazón. Después de hablar con él me sentí mucho mejor.

Me mejoré físicamente y además me contaron que luego de nuestra conversación salió y ¡pegó un jonrón!

Sammy:

En 61 juegos ese año en Sarasota, pegué un total de 4 jonrones. Los Vigilantes en aquel entonces no me veían como un toletero. Mi mayor cualidad era mi velocidad, que había aumentado considerablemente desde que había empezado a entrenar profesionalmente. Ese primer año en las menores pegué .275 con cuatro jonrones y 28 carreras impulsadas. Robé 11 bases e iba a la cabeza de mi equipo con 19 dobles. Juan y yo estábamos dando nuestros primeros pasos. Él bateó un promedio de .240. No pegó ningún jonrón, pero remolcó 36 impulsadas. Estábamos mostrándoles a los Vigilantes un poco del talento que llevábamos dentro.

Omar Minaya

Sammy se iba desarrollando y se estaba distanciando de los otros jugadores. Al final de esa primera temporada en la Liga de los Novatos pensábamos que Sammy y Juan podrían ser mejores que el jugador medio de las Grandes Ligas, o que por lo menos tenían el potencial.

Sammy:

Mi primer año con la Liga de los Novatos fue muy provechosa. Trabajé bien. Los Vigilantes me dejaron en Estados

Unidos después de la temporada para que jugara béisbol de instrucción. A continuación, regresé a casa.

Estaba feliz de ver a mi madre a mis hermanos y hermanas. Pero al volver a República Dominicana después de ese primer año en Estados Unidos todo me parecía distinto. Era como si ya no fuera el mismo muchacho del barrio. Estaba ganando dinero. Y de repente vi a mi madre y mis hermanos de otra manera: ¡Me parecían tan flacos!

Miraba a José Antonio y decía: "¡Hermano, estás flaquísimo!" Les había traído ropa y dinero de Estados Unidos. La gente me miraba de otra forma. Iba mejor vestido, me había cortado el pelo.

Mireya Sosa:

Cuando vi a Sammy no me podía creer que mi hijo fuese tan guapo, tan apuesto.

Sammy:

Creo que algunas de las muchachas del vecindario pensaban que iba a regresar con los pantalones cortos que solía llevar, pero había madurado. Me sentía brillar. Como si fuera diferente. Como si fuera mejor.

"Este chico está cambiando", decía la gente. Otros añadían: "Chicos, mírenlo".

En esa época el rapero L.L. Cool J era muy conocido. A mí me gustaba tanto que me compré un par de zapatos rojos y escribí L.L. Cool J y me los puse cuando fui a casa.

Al año siguiente, en 1987, los Vigilantes me enviaron a un

equipo de nivel más bajo de la clase A en Gastonia, Carolina del Norte, un pequeño pueblo en el Oeste del estado. Me sentía más veterano cuando llegué. Era como si hubiera viajado y conociera mi camino. Estaba tratando de aprender inglés lo mejor que podía y charlaba a menudo con mis compañeros americanos.

A veces se divertían conmigo. La primera palabra que me enseñaron fue: "Cometomyroom". También me enseñaron decir: "You are so beautiful." Yo lo pronunciaba: bii-yu-tiful.

En ese tiempo no paraba de hacer preguntas. Siempre estaba repitiendo: "¿Cómo dices esto?" o "¿Cómo dices aquello?" Quería aprender porque quería valerme por mí mismo. Salir a comer todavía me resultaba difícil porque no sabía ordenar. Salía con mis amigos americanos y me ponía a su lado cuando pedían su comida. Cuando mis amigos habían ordenado yo decía: "Lo mismo que ellos". Muchas veces no comía lo que quería sino lo que había pedido el muchacho que estaba conmigo. Al poco tiempo agotaba a mis amigos americanos con mis preguntas. Me decían:"¡Sosa, estoy cansado!" O: "Sosa, ¡ya cállate!"

Quería de verdad valerme por mí mismo porque siempre había dependido sólo de mí.

Un día durante mi segundo entrenamiento de primavera en Estados Unidos, Felipe Castillo y yo fuimos a un supermercado en Daytona Beach. Teníamos ganas de comida dominicana así que decidimos comprar atún en lata y prepararlo con cebolla como hacen en casa. Estábamos en la tienda comprando comida y conseguimos el atún—o lo que creímos que era atún. Recuerden que Felipe y yo casi no hablábamos inglés y tampoco lo podíamos leer. Bien, de vuelta al apartamento abrimos las latas, cortamos la cebolla y estábamos a punto de empezar a comer cuando vinieron unos jugadores veteranos, tipos que tenían más experiencia que Felipe y yo.

Hablamos un rato y luego nos disponíamos a comer. Yo tenía el tenedor en la mano y uno de los tipos me agarra y dice: "¡No lo hagas!" Lo miré como si estuviera loco, pero a continuación me dijo algo que me paró en seco. "Hermano, esto no es atún. ¡Es comida de gato! " ¡Casi comemos comida de gato! ¡Bienvenidos a Estados Unidos!

Afortunadamente las cosas me iban mejor en el campo de juego. Juan y yo estábamos juntos en el jardín en Gastonia y estábamos destrozando la liga. Wilson Álvarez había entrado en nuestro equipo. Dean Palmer estuvo con nosotros algún tiempo.

Había mucha camaradería en ese equipo. Las cosas marchaban estupendamente.

Tanto a Juan como a mí nos eligieron para jugar en el Juego de las Estrellas de la Liga del Atlántico Sur, que ese año se jugaba en Knoxville, Tennesse. Recuerdo que el propietario del equipo nos llevó en su carro y nos divertimos mucho.

Con un grupo de muchachos estábamos viviendo juntos en Gastonia, y todos nos turnábamos en la cocina o comíamos en McDonalds. También fue un buen año porque tuve oportunidad de ver a Bill Chase muy a menudo. Era propietario de una fábrica de calzado en Carolina del Sur, y cuando venía a Estados Unidos por negocios siempre manejaba hasta Gastonia para verme. Era fantástico ver a alguno de casa.

Bill Chase:

Ese año Sammy jugaba en Gastonia y ahí sí me di cuenta de que podría llegar a las Grandes Ligas. Lo sabía antes, lo presentía, pero en Gastonia me convencí. Siempre buscaba alguna excusa para visitar mi fábrica de calzado en Carolina del Sur y después conducía cuarenta minutos hasta Gastonia para ver a Sammy.

En esos tiempos, Sammy pesaba sólo 165 libras y estaba flaco como un palo; su mejor habilidad era como fildeador y su velocidad. Recuerdo que todos los jugadores latinos vivían juntos, siete u ocho muchachos, para ahorrar dinero.

Así que después de los juegos me ofrecía a llevar a todos a cenar. Era fácil porque al único lugar que iban era a McDonalds. Allí estaban Sammy, Juan González, Rey Sánchez, Wilson Álvarez, algunos otros, y yo.

Esos años fueron duros para Sammy, duros para todos esos muchachos. Años más tarde Sammy me comentó: "Bill, no tienes idea de lo difícil que tenía las cosas".

Pero Sammy tenía ese don que hace falta para ser grande. Coraje. Tenía el empuje y la voluntad. No iba a aceptar ser un segundón.

Sammy:

En Gastonia tuve muy buen año. Bateé un promedio de .279, conseguí 11 jonrones y registré 59 carreras impulsadas. Juan bateó un promedio de .265 con 14 jonrones y 74 impulsadas. Desde ese momento, él y yo nos clasificamos primero y segundo entre los candidatos para la organización de los Vigilantes. A veces yo era el número uno y él el dos. Después, él el número uno y yo el dos. Ese año jugué de nuevo en la liga de aprendizaje y regresé a casa sintiéndome muy bien. Regresé al año siguiente y me colocaron en la Liga del Estado de Florida que era una liga dura. Era el nivel más alto de la Clase A. Esto era en 1988 y yo tenía diecinueve años.

Fue un año duro, pero aprendí mucho, sobre mí mismo y

sobre béisbol. Omar Minaya todavía estaba cerca mío. Él y yo hablábamos mucho.

Omar Minaya:

Los promedios de Sammy ese año no fueron muy buenos. Sólo pegó .229, y Juan sólo .256. Pero sentía que Sammy era afortunado de estar en el sistema de los Vigilantes de Tejas, porque estaban desarrollando muchos a los jugadores latinos. Lo hacían porque entendían al jugador latino. Sandy Johnson, que era el Director General, comprendió que con los jugadores latinos había que tener más paciencia, que a veces tardaban más en crecer.

Sammy era un jugador joven y muy agresivo que sabía una cosa: tenía que rendir. Cuando llegó a la Liga del Estado de Florida estaba compitiendo con tipos más veteranos que estaban mejor formados. Cuando empezó a luchar pensamos: "No hay problema, no tiene que ser magnífico. Lo importante es que aprenda". Y además no queríamos arrebatarle la personalidad a un jugador como Sammy. Ese año ponchó 106 veces, pero una de las cosas que continuaba diciéndole era que siguiera bateando.

Necesitaba desarrollar comodidad y filosofía en el plato. Tenía la habilidad de hacer las cosas intuitivamente, pero cuando eres así y además eres joven, vas a cometer errores. Y así fue. Por esa época empezó a ser conocido por pegar mucho malos lanzamientos, pero en cuestión de tiempo mejoró su lectura de los lanzamientos.

Por entonces, Sammy comenzó a tener dificultades con sus entrenadores porque algunos de ellos pensaban que no se podían meter con Sammy porque tenía mucho apoyo. Si Sammy tenía problemas podía coger el teléfono y llamarme, y creo que había un cierto resentimiento por eso. Para ser honesto, era una cuestión algo racial. De hecho en el béisbol, como en todos los deportes, los primeros seleccionados siempre tienen un trato especial. Pero cuando un joven latino recibe tratamiento preferencial, es un problema. Los entrenadores piensan: "Aquí está este chiquillo que ni habla inglés y tengo que tratarlo como si fuera el primer seleccionado".

Esa era también una de las claves. Es una cuestión racial. Aquí hay un chico latino que tiene un Padrino, y el sistema le protege como si fuera el primer seleccionado. Siempre animé a Sammy a que tuviera sus propias opiniones. Le dije: "No digas que sí a todos". Algunos entrenadores a finales de los ochenta no estaban acostumbrados a eso. Pero Sandy Johnson me había dicho: "Déjame saber si hay algún problema con Sammy porque lo vamos a proteger". Eso molestaba a algunos.

Sammy:

Había pegado un promedio de .229, robado 42 bases y estaba a la cabeza en triples. Mi juego se estaba volviendo más explosivo y mi confianza iba en aumento. Cuando regresé a República Dominicana después de la temporada, quería jugar en la Liga de Invierno Dominicana. Me contrataron para jugar para el Escogido, un equipo muy famoso en mi país, y fui al estadio listo para jugar.

Phil Regan, el gerente del equipo, es un buen hombre, y me dio una oportunidad. Me empezó a poner en juegos. Era bien rápido y podía ir de primera a tercera con una sencilla. Parecía como si cada vez que me ponía en un juego, ganáramos.

Era un hombre feliz. Pero no estaba jugando demasiado.

No me ponían en muchos juegos. Así que me acerqué al propietario y le dije: "Mira, ¡ni José Canseco me puede arrebatar el jardín derecho!"

Ahora sonrío cuando recuerdo aquello, pero tienes que creer en ti mismo para ser jugador de pelota, sobre todo a este nivel. Hay tanta competencia.

Por entonces pensé: "Voy a luchar y a competir contra cualquiera. Nadie me va a arrebatar este trabajo". Y cuando dije esto, fue como si Dios me contestara "Amen", porque a partir de entonces jugaba.

Pegué .270 y fui segundo de la liga en impulsadas. Me nombraron Novato del Año, mi equipo ganó el campeonato de liga y fuimos a Mazatlán, México, para jugar La Serie Mundial del Caribe.

Acababa de cumplir veinte años y llevaba jugando al béisbol en serio desde los cartorce y ya me estaba convirtiendo en Sammy Sosa. Por aquel entonces era un novato y la gente me trataba diferente. Las cosas me empezaban a marchar bien, estaba feliz y tenía gente con quien compartir.

Bill Chase:

Cuando Sammy jugaba para Escogido, yo tenía un Daihatsu que usábamos como carro de la empresa. Era un carro pequeño que usábamos mi esposa y yo.Como además teníamos una camioneta, le dije a Sammy que mientras estuviera en la República Dominicana podía usar el Daihatsu. Y de repente fue suyo.

Ibamos a Santo Domingo a verlo jugar. Sammy nos conseguía las entradas pero era distinto al sistema de "retirar por ventanilla" de aquí. En la República Dominicana tenías que ir por detrás del estadio y dar golpes en una verja. Salía alguien y le decías que habías venido a recoger las entradas que te había dejado Sammy. Entonces iban a buscar a Sammy y Sammy traía las entradas. Bueno, pues una vez fuimos a ver un juego pero Sammy no había llegado todavía. Lo estábamos esperando cuando escuché una música bombardeando en la lejanía.

Mi esposa dijo: "Te apuesto que es Sammy".

Yo le contesté: "No". Pero ahí llegaba Sammy en el pequeño Daihatsu donde había instalado unos altoparlantes más grandes que el carro y en la puerta había pintado: SAMMY SOSA.

Todavía me da risa cuando me acuerdo.

Sammy:

Me sentía estupendamente. Y al terminar la Serie Mundial del Caribe tuve todavía mejores noticias. Los Vigilantes me habían invitado al entrenamiento de primavera de las Grandes Ligas. Por primera vez viajaría en primera clase con los auténticos jugadores de las mayores. Ganaría el sueldo de las mayores y me hospedaría en un gran hotel.

No había ninguna garantía de que conseguiría entrar en el equipo. De hecho, la mayoría de la gente decía que era una preparación para el gran momento. Que me enviarían a la Doble A por una temporada más. A mí no me importaba. Estaba un paso más cerca de las mayores y nadie se iba a interponer en mi camino.

Había sobrevivido las Ligas del Estado de Florida, logrado una buena temporada de invierno, y me habían invitado al campamento de las mayores. Sentía que había superado un obstáculo.

Estaba encaminado.

6

La Llamada

Cuando llegué a Florida para mi primer entrenamiento de primavera con los jugadores de las mayores me sumergí en un mundo totalmente diferente. De repente los agentes y abogados empezaron a rodearme. Nunca había recibido ese tipo de atención, pero su interés era la reacción a la fe que los Vigilantes tenían en mí.

No sabía qué debía hacer o a quién debía elegir. Muchas personas me hacían grandes promesas. Así que los Vigilantes me dieron una mano para encontrar a la persona correcta para que me representara.

Luis Rosa—un conocido buscatalentos latinoamericano—había contratado a Juan González para los Vigilantes y se ocupó de ayudarme a encontrar un agente. En aquel entonces, Luis era el mejor buscatalentos que existía. Antes de trabajar para los Vigilantes, Luis había sido buscador de los Padres de San Diego y había llenado sus filas con algunos de los mejores jugadores latinos disponibles: Benito Santiago, Carlos Baerga, Ozzie Guillén, Sandy Alomar Jr. y Robby Alomar. Todos esos jugadores se habían convertido en estrellas y astros. Los Padres los habían traspasado o perdido, pero eso no era culpa de Luis.

Y Luis aún no había terminado. Por la primavera de 1989, tenía a un gordito medio barbudo receptor de Vega Baja, Puerto Rico en el campamento. Se llamaba Iván Rodríguez y por su apariencia de gordinflón se ganó el apodo "Pudge".

Los Vigilantes tenían tan buena opinión de Pudge que ni lo enviaron a Sarasota para la Liga de los Novatos como habían hecho conmigo y con Juan. Fue directamente a Gastonia dos años más tarde, antes de siquiera cumplir veinte años. Y Pudge está ahí desde entonces. Pero no lo vi demasiado esa primavera porque ya había terminado con las ligas menores.

Como iba diciendo, Luis Rosa me estaba ayudando a localizar un agente. Me daba cuenta de que también estaba ayudando a Juan y creo que lo mandó a Scott Boras o a alguien importante. Entonces tuvo una conversación con un agente llamado Adam Katz. Luis dijo: "No te puedo entregar a Juan González pero tengo un pequeño jugador de pelota que quiero que representes". Y así fue como conseguí a Adam Katz, que todavía sigue conmigo. Yo era como un premio barato que estaban adjudicando.

En la primavera de 1989 tenía veinte años y estaba en tan buena forma física que siempre pensé que si hubiese nacido en Estados Unidos, habría conseguido mucho dinero por firmar un contrato. Ya pegaba bien a la pelota, podía correr y podía lanzar. He visto a muchos jugadores estadounidenses, los seleccionados en primer lugar, que cobraban mucho dinero—y eso me podría haber pasado a mí.

Pero no se confundan, no me quejo de haber nacido en República Dominicana. Estoy orgulloso de quien soy y quiero a mi país. Pero hay diferencia en cómo se recompensa el talento. Esa diferencia la he utilizado, como tantas otras cosas en mi vida, como motivación. Y lo que me motivó todavía más esa primavera era el talento que había en el equipo de los Vigilantes. Sabía que tendría que luchar por entrar en la lista.

Había muchos buenos jugadores, algunos de Latinoamérica. Rafael Palmeiro acababa de unirse al equipo después de haber sido vendido por los Cachorros de Chicago, y jugaría en primera base.

Por entonces, Rubén Sierra había despegado y ese año estaba listo para hacer una gran temporada, con un promedio de .306, había pegado 29 jonrones y era cabeza de liga en carreras impulsadas con 119. También era primero de la liga en triples con 14 y en promedio de bateo de .543. Además, jugaba muy bien en el jardín derecho, la posición que yo quería. En 1988, Rubén había anotado más de 90 carreras y el año anterior había registrado 109 impulsadas. Con veintitres años, tres más que yo, Rubén estaba en su mejor momento, era un astro en alza.

En ese equipo también jugaba un gran golpeador: mi compatriota Julio Franco. Julio acababa de llegar a los Vigilantes por un canje con los Indios de Cleveland. Cuando llegó al campamento ya tenía en sus espaldas tres temporadas consecutivas con un promedio de .300 o más. Éstas se convertirían en cuatro consecutivas en 1989 con un promedio de .316. También anotó 92 carreras impulsadas. Dos años más tarde, en 1991, Julio pegaría .341 y ganaría el Campeonato de Bateo de la Liga Americana. Julio es de San Pedro de Macorís y ya jugaba para las Grandes Ligas cuando yo empezaba a jugar en serio en los descampados de mi pueblo natal. Esa primavera, Julio se convirtió en mi protector y guía. Sabía las enormes ganas que yo tenía de alcanzar las Grandes Ligas y de jugar de jardinero derecho para los Vigilantes.

Hasta puede que supiera algo del asunto de Rubén Sierra, porque cuando me presenté en el campamento se me pasó por la cabeza la idea de decirle a Rubén que mejor se preparase para jugar en el jardín central porque yo iba a apoderarme del derecho. Era muy joven.

Bueno, creo que Julio sospechaba algo. Miraba a Rubén y me decía susurrando: "Díselo, díselo, díselo". Quería que le dijese a Rubén que estaba dispuesto a arrebatarle su puesto. Julio no paraba de animarme. Así que lo hice. Le comenté: "Juan, más vale que te vayas acostumbrando al jardín central porque el derecho es mío". Se lo dije en broma, me quería divertir con él.

Pero cuando Omar Minaya y los otros escucharon esto, pensaron que yo estaba pavoneándome. De lo que tambié,n se dieron cuenta esa primavera era de cómo mi juego estaba mejorando; me había beneficiado de la experiencia ganada en los dos últimos años.

Omar Minaya:

Todavía recuerdo la conversación entre Sammy y Rubén. Rubén le dijo: "Oye, vas a ser un buen centro campista". Y Sammy dijo: "No, no, no. Voy a ser jardinero derecho, tú vas a tener que jugar en el centro".

Pero bromas aparte, cuando Sammy llegó por primera vez al entrenamiento de primavera de las Grandes Ligas en 1989 y se midió contra todos estos jugadores de las Grandes Ligas, ese fue el momento en que podías ver que iba a ser un *All Star*. Cuando llegó allí, llamaba tanto la atención. Entonces empezabas a pensar: "¡Guaaau! Este tipo se parece a Clemente". El aura de Clemente le venía a la mente de la gente cuando Sammy corría.

Podías ver que iba a ser algo especial.

Sammy:

En este momento de mi vida estaba logrando algo que nunca había conseguido antes. La atención de la prensa.

Antes de que comenzara el entrenamiento de verano empezaron a escribir artículos sobre mí en los periódicos más importantes. La impresión era buena. Phil Regan, mi gerente en Escogido, dijo al *Dallas Morning News*: "Sammy es el jugador que más ha mejorado en la Liga Dominicana de Invierno. En dos situaciones de ponchar, acortó su golpe y jugó la bola. Y con su velocidad, eso es todo lo que precisa".

Esa primavera, el *Dallas Morning News* también escribió: "El mayor debate entre los buscatalentos que ven jugar a los Vigilantes es quién será el mejor jugador de mayores: Juan González o Sammy Sosa. Sosa no tiene el poder de González, pero puede disparar uno cuántos imparables. Tiene la velocidad de cualquiera en la organización y su brazo es como un rifle. No se puede dudar del deseo de Sosa de jugar y de su disposición para el trabajo también".

A fines de la primavera, Blackie Sherrood, también del *Dallas Morning News*, escribió: "Sammy Sosa sigue siendo la mejor joven promesa de la organización de los Vigilantes, la mejor velocidad, el mejor brazo y los mejores ojos para batear".

Aunque estaba jugando muy bien contra los jugadores de las mayores, la mayoría de las personas decían que ese año empezaría en Tulsa con el equipo de los Vigilantes de la Doble A. Nadie quería apresurarme y había una fuerte corriente de optimismo en la organización de los Vigilantes, así que tomaron la decisión. Yo empezaría la temporada de 1989 en Tulsa, en la Liga de Tejas.

Acepté esa decisión y llegué a Oklahoma listo para destrozar la liga. Y eso fue lo que Juan y yo hicimos. De hecho, no guardo demasiadas memorias de mi estancia en Tulsa, estaba tan concentrado en llegar a las mayores y en demostrar que mi lugar estaba en Arlington, Tejas no en Tulsa, Oklahoma. A fines de mayo, tenía un promedio superior a .300 y estaba entre los primeros diez de la liga en promedio de bateo. De hecho, durante una increíble semana, Juan logró el tercer puesto en promedio de bateo, yo tenía el quinto y Dean Palmer tenía el noveno.

Durante otra semana en mayo pasé de 8 a 21 y capturé la atención de la prensa en Arkansas disparando dos vuelacercas por encima de dos carteles "Deep-Dish Pizza". Los periódicos decían que para mí pegar jonrones era tan fácil como marcar el: 1-800-DELIVER.

En junio, las cosas seguían mejorando. La primera semana de ese mes fui nombrado el jugador de la semana de la Liga de Tejas. En ocho partidos pegué 14 batazos en 34 turnos, lo que me colocó en un promedio de .412, con cuatro dobles, una triple y ocho impulsadas. También robé cuatro bases y tenía un porcentaje en bases de .444.

A mediados de junio había robado 16 bases. En una organización sin mucha velocidad eso me colocó a cabeza de los Vigilantes, y en ese momento me empecé a preguntar cuándo se iba a presentar mi gran oportunidad. Sentía que había aprendido todas las lecciones que había tomado en la Liga del Estado de Florida y que había acortado mi golpe y las recompensas eran excelentes resultados. Trabajaba bien duro y los entrenadores de bateo en el sistema de los Vigilantes y el equipo me animaban para robar lo más posible.

Al mismo tiempo, mi cuerpo era el de un atleta—comía bien y llevaba levantando pesas casi cuatro años y se notaba. Estaba feliz donde estaba y sabía que los Vigilantes también estaban satisfechos.

Todo marchaba a las mil maravillas cuando nosotros—los Drillers de Tulsa—jugamos una serie contra El Paso. En aquel entonces el equipo de El Paso estaba afiliado a los Cerveceros de Milwaukee. Tuve una serie excelente. Por entonces había jugado 66 partidos con Tulsa. Tenía un promedio de .297 con siete imparables y 31 impulsadas.

Mientras tanto, en Arlington, algo estaba sucediendo que

cambiaría mi vida. Peter Incaviglia, el jardinero toletero de los Vigilantes, se lesionó el cuello y la directiva del equipo—Tom Grieve, el gerente general, y Bobby Valentine, el técnico—no tenían con quién reemplazarlo cuando lo pusieron en la lista de lesionados. Miraron dentro de su sistema, buscando un jugador y se encontraron conmigo. Tommy Thompson, el gerente del equipo de Tulsa, me lo dijo de esta forma: "Te vas a las Grandes Ligas".

Fue justo antes de nuestro partido con El Paso, en el que jugaba. Miré a mi alrededor, sorprendido y excitado pero no dije nada—de momento. No dije nada hasta llegar a casa y encontrar a mis amigos. Les dije: "Hermanos, me marcho a las Grandes Ligas".

Pensaban que era una mentira. Algunos me dijeron: "Bien, vas a ir pero vas a regresar en quince días".

Les dije: "No. Ésta es la única oportunidad que voy a necesitar. No me volveréis a ver por aquí". Había alcanzado el Equipo de las Estrellas de la Liga de Tejas y tenía confianza en que podría mantenerme en las Grandes Ligas.

Y entonces hice la llamada. Era tarde en San Pedro de Macorís, pero esta noticia no podía esperar. El corazón me batía al escuchar la voz de mi madre. Estaba muy emocionado porque este era un día muy importante, no sólo para mí sino para toda mi familia.

Lo habíamos conseguido.

Mireya Sosa:

Mikey dijo: "Mamá, voy a jugar en las Grandes Ligas". Todo lo que había hecho era trabajar, siempre había sido tan aplicado y la gente me decía: "Tu hijo es estupendo".

Y ahora me estaba diciendo cosas que me hacían llorar.

Me dijo: "Mamá, te voy a dar lo que papá no pudo". Todo lo que podía decir era: "Hijo, que Dios te bendiga. Que Dios te bendiga".

Sammy:

Al día siguiente, antes de salir corriendo para tomar un vuelo, llamé a Bill Chase y también se lo dije. Quería compartir la noticia con toda la gente que me había conocido cuando era Mikey. Ahora, lo único que me quedaba era marcharme.

Los Vigilantes acababan de terminar una serie en casa y estaban a punto de empezar a viajar. Iban hacia el Este. Y tendríamos un día libre antes de comenzar a jugar un viernes. Mi primer partido sería doble para compensar por un juego que se había suspendido por la lluvia a principios de temporada. Me subí al avión en Tulsa, hice transbordo en Dallas y viajé en primera hasta la costa este.

Lo increíble era que no iba a hacer mi debut en las Grandes Ligas en cualquier lugar. No, mi primer partido en las ligas mayores lo iba a jugar en el estadio de los Yankees. Llegué a Nueva York el jueves, tenía el día libre y me juntaba en el hotel con mis compañeros de equipo. No me podía creer que ahora fueran mis compañeros.

Tengo que decir aquí mismo que Julio Franco fue la persona que más me ayudó y me cuidó durante mi estancia en Tejas. Julio tenía fama de ser un poco duro y malhumorado pero nunca fue así conmigo. Yo vivía en su casa. Me compró muchas cosas. Me dejaba manejar su coche. Su madre, que también vivía allí fue muy, muy amable conmigo. Julio es una excelente persona y alguien a quien nunca olvidaré.

Hasta me enseñó varias lecciones. En el verano de 1989, el

equipo estaba en Puerto Rico para jugar un partido de exhibición y recuerdo haber estado con Juan González. Me estaba mostrando su ciudad y estábamos juntos en un carro. De repente nos percatamos de que íbamos a llegar tarde al partido. Jugábamos contra los Medias Blancas y recuerdo haber pensado que el técnico de Tejas nos iba a matar si llegábamos tarde.

Empecé a decirle a Juan: "Hermano, más vale que le digamos a Bobby que se nos pinchó un neumático o algo parecido". Y eso le dijimos. Pero Julio nos descubrió delante de Bobby. Sabía lo que había pasado y nos señaló cuáles eran nuestras responsabilidades hacia el equipo. Como dije, conmigo fue una gran persona.

Fuimos juntos al campo de pelota el día de mi primer partido. Nunca olvidaré la increíble sensación que experimenté la primera vez que caminé por el jardín del Yankee Stadium y vi la famosa fachada y toda la historia presente. Fue fantástico.

Ahí estaba yo, listo para jugar. Y eso fue exactamente lo que Bobby Valentine hizo, jugó conmigo. El equipo era considerado un finalista para el título de la Liga Americana del Oeste.

Aunque sólo era el 16 de junio y no estábamos ni a mitad de temporada, teníamos una razón para sentirnos optimistas en Texas. Acabábamos de barrer a los Ángeles de California en tres juegos en casa, parte de un 7–3 motivo por el que el equipo que viajaba a Nueva York se sentía tan bien.

La victoria sobre los Ángeles nos había situado a medio juego de distancia de ellos para el tercer puesto. En total, estábamos a cuatro juegos y medio de los poderosos Atléticos de Oakland, un equipo formidable pero al que le faltaban algunos jugadores importantes a mitad de junio.

José Canseco, el Jugador Más Valioso de la Liga el año anterior, estuvo sin jugar durante toda la primera parte de la temporada del '89 con un hueso de su mano fracturado. Y Dennis Eckersley, el mejor relevista de entonces, llevaba todo junio en la lista de lesionados. Ahora había llegado el momento de empujar, y nos animaba que Bobby Witt y Kevin Brown fueran a ser nuevos lanzadores en el Bronx.

Era un día cubierto y húmedo en el estadio. Los Yankees estaban teniendo una mala temporada, el principio de un bache en la franquicia que duraría hasta mitad de los noventa. Ése año terminó 74–87 y el gerente, Dallas Green, fue expulsado antes de terminar la temporada. Su problema eran los lanzamientos. Andy Hawkins era su as. Logró 15–15 ese año, con un 4.80 ERA. Ningún otro lanzador de los Yankees conseguiría más de siete juegos. Desgraciadamente para nosotros, Andy Hawkins lanzaría ese día. Él fue el primer gran lanzador de las Grandes Ligas con el que me enfrenté. Yo era el abridor.

Quería ser agresivo e inmediatamente tuve un lanzamiento que me gustó, lo disparé a la derecha. Corrí y me aguanté en primera. De todas formas no pasó nada.

En la sexta entrada, con Hawkins todavía lanzando, había pegado un doble y me sentía exaltado al rodear primera e ir a segunda. Nuestro paracorto, Scott Fletcher, pegó un line drive que el jardinero de los Yankees, Jesse Barfield, jugó mal y anoté—una de las tres inmerecidas carreras que le sacamos a Hawkins ese día. Pero no fue suficiente. Perdimos 8–3.

Más tarde perdimos el juego nocturno por 6–1 que se había retrasado más de dos hora por la lluvia. Antes de que acabara el día tenía dos hits, un error y habíamos perdido dos veces. Bienvenido a las Grandes Ligas.

Después de Nueva York seguimos en otro legendario campo de pelota: Fenway Park en Boston. Perdimos el primer juego de esa serie. Pero en el segundo tuve una experiencia que nunca olvidaré. El miércoles 21 de junio me enfrenté al gran Roger Clemens. De inmediato, íbamos 0–3 y las cosas se veían muy sombrías, porque Clemens parecía invencible. Estaba lanzando en serio.

Cuando lo vi por primera vez en junio de 1989, Roger ya había conseguido dos galardones Cy Young y había sido Jugador Más Valioso. Pero Rogers tenía 8–4 al empezar el juego y esa noche estaba luchando un poco con un equipo que terminó el año con un promedio superior a .500. Pero tengo que decir que nunca he visto a nadie lanzar con más potencia que Roger Clemens. Sus cañonazos simplemente explotaban y recuerdo que antes del juego Rubén Sierra se me acercó y me dijo: "Roger Clemens esta noche, Novato. Prepárate".

Perdíamos 3–0 pero pudimos remontarnos al principio de la cuarta entrada para reducir la ventaja de Boston por 3–1. Y entonces fue mi turno al bate en la quinta, mi segundo turno en el plato. Al día siguiente, el *Boston Globe* escribió: "Clemens ponchó al primer bateador, y entonces enfrentó a Sosa, a quien había despachado con una bola alta y rápida en la primera entrada. Esta vez, Sosa recibió una un poco más manejable y la colocó en la malla".

¡Jonrón! ¡Mi primer jonrón en las mayores lo pegué contra Roger Clemens! Recuerdo haber corrido alrededor de las bases mirando como la pelota volaba por encima del Green Monster a la izquierda. Y mi golpe tuvo consecuencias. Dejó callada a una exaltada muchedumbre de 34.338. Y pareció haber afectado también a Roger. O eso dijeron los periódicos. "Clemens pareció no recuperarse", escribió el *Dallas Morning News*.

Caminó a los dos siguientes bateadores, entregó un par de hits y abrimos el juego. Cuando terminó, habíamos ganado 10–3 y yo tenía el recuerdo de mi vida.

Mi primer partido en las mayores fue contra un astro que sería seleccionado para el Equipo de Béisbol De Todos los Tiempos. Cuando veo la cinta de ese jonrón, todavía me maravilla lo joven que era. Comparado con lo que soy hoy parecía famélico. Una vez que conecté, no hice más que correr acelerado alrededor de las bases.

Años más tarde, mi trote después de un jonron es diferente.

Pero esa noche, en República Dominicana, la gente celebraba conmigo.

Omar Minaya:

Recuerdo que ese día iba camino a Santo Domingo por negocios. Amado Dinzey me recogió en el aeropuerto y le di la primicia de que Sammy había conseguido su primer vuelacercas en las Grandes Ligas contra Roger Clemens. Los dos estábamos contentos y felices. Nos sentíamos como si hubiese sido nuestro fichaje y como si tuviésemos algo que ver con su éxito.

Esa noche, después de terminar de trabajar, salimos a celebrarlo por ahí y nos bebimos unas Presidente. Presidente es la cerveza más popular en Santo Domingo.

Sammy:

Cuatro días más tarde tuve mi mejor partido como profesional, con 4–5.

Durante un partido a principios de julio contra los Marineros de Seattle, logré tres hits y durante un rato seguí bateando rápido, como había comenzado. Pero, como aprendí rápidamente, los grandes lanzadores hacen sus ajustes.

Pronto, no veía mas que breaking balls y mi promedio empezó a desplomarse. Al mismo tiempo, las esperanzas del equipo de mantenerse en la caza con Oakland empezaron a disiparse. Estábamos perdiendo y los Atléticos estaban ganando. Mientras tanto, los Atléticos se estaban distanciando de todo el mundo en la Liga Nacional del Oeste.

Mis frustraciones se resumieron en un juego que tuvimos en Cleveland, a mitad de julio. Estábamos atascados en un empate en la decimoprimera entrada, teníamos a un corredor en primera y era mi responsabilidad caminarlo con un empellón. Pero después de dos intentos no lo logré. Afortunadamente ganamos el partido.

Pero empecé a demostrar mi juventud. Cuando miro atrás, pienso que no estaba listo para las Grandes Ligas. Tenía sólo veinte años y no tenía experiencia—ni mental ni física—para estar allí. Como dije, estábamos enroscados en una lucha en nuestra división, intentando a alcanzar los portentosos Atléticos. El 21 de junio, el mismo día que conseguí mi primer jonrón en las Grandes Ligas contra Roger Clemens, los Atléticos consiguieron Rickey Henderson en un canje con los Yankees. Eso los hacía todavía más poderosos. Los periódicos de Dallas estaban haciendo comparaciones: "Los Atléticos consiguen a Rickey Henderson mientras que los Vigilantes están criando a Sosa".

No era una crítica hacia mí sino contra los Vigilantes, a los que se enjuiciaba por no poder lograr un canje de la magnitud del de Henderson. Ésa era la diferencia entre los Atléticos y los Vigilantes, decían todos.

Lo que empecé a comprender era que mi nombre se había empezado a divulgar como parte de un traspaso. De hecho, dos nombres siempre se barajaban. El mío y el de Harold Baines, el gran jardinero de los Medias Blancas de Chicago.

De hecho, estaba recibiendo una buena dosis de madurez de golpe, porque mientras todo esto estaba teniendo lugar, me dijeron algo que no quería escuchar: me mandaban de vuelta a las pequeñas ligas.

Había durado 25 partidos con los Vigilantes. Mi promedio

había descendido de .300 a .238. Disparé un jonrón y tenía 3 impulsadas. No quería que me mandaran a Oklahoma City para jugar con la Triple A. Y se notaba. En diez partidos allí, mi promedio fue de .103.

Fue una experiencia humillante. Recuerdo que me sentía muy incómodo en Oklahoma City porque pensaba que me podría haber quedado en las Grandes Ligas. Recuerdo que un día estaba en el estadio de la Triple A, saliendo de los vestuarios y dirigiéndome al hotel cuando alguien se me acercó y me dijo: "Sammy quiero hablar contigo". No sabía quién era así que lo ignoré y continué caminando. Me llamó de nuevo y le dije: "¿Quién es usted?"

Me contestó: "Larry Himes". Entonces me preguntó que por qué no había corrido un toletazo durante la práctica de bateo. Le contesté: "No corrí porque estoy muy disgustado de estar aquí. Yo debería estar en las Grandes Ligas". ¡Imagínense eso!

No tenía ni idea de quién era, pero al día siguiente me enteraría. Larry Himes era el gerente general de los Medias Blancas de Chicago y, a pesar de lo que había visto y oído, tenía suficiente fe en mi capacidad para canjearme por unos de los jugadores más populares de su equipo: Harold Baines.

Era un canje importante y uno que no fue universalmente aceptado en el club de los Medias Blancas. Con la prensa, Larry Himes tuvo que defender sus motivos para hacerlo: "Es una decisión poco agraciada entre los hinchas, pero a veces algo poco popular es exactamente eso, poco popular. No quiere decir que sea una decisión desacertada".

Los Medias Blancas estaban buscando jugadores jóvenes y entusiastas para añadir a un grupo de estrellas en alza que tenían, como Ozzie Guillen, Robin Ventura y Frank Thomas. Junto conmigo, los Medias Blancas consiguieron a Wilson Álvarez, un lanzador zurdo de Venezuela que tenía sólo diecinueve años pero prometía.

Los Vigilantes consiguieron un lanzador profesional, Baines, un veterano de treinta años que confiaban consiguería muchos imparables y que complementaría su alineación.

Larry Himes:

Cuando buscábamos a quién canjear por Baines, todos revisamos nuestros informes de los buscatalentos y el primer tipo en nuestra lista era Juan González. Pero Grieve dijo: "No podemos llegar a un acuerdo con Juan González. No le van a canjear".

Y supe que así era la situación. Así que les dije: "Está todo bien. Está disponible Sammy Sosa".

Grieve contestó: "Bien, no lo queremos perder pero, está bien, lo pondremos dentro".

Esto continuó por un período de dos semanas, pero antes de llegar a un acuerdo necesitaba ver jugar a Sosa. Así que yo (y otros dos de los Medias Blancas, viajamos a Oklahoma City a verle jugar. Estuvimos allí cuatro días. Y lo que más me impresionó de Sammy fue su entusiasmo y energía. Hacía mucho calor en Oklahoma City pero después de la práctica de bateo, cuando todos los otros jugadores se habían ido, Sammy seguía afuera pegando pelotas de un *batting tee*. Tenía una lata grande de pelotas a su lado y metía una pelota en la máquina y la despachaba—whack. Entonces ponía otra pelota y de nuevo—whack.

Comenté: "Quizás hoy es el día que le toca". Pero cuatro días más tarde seguía en lo mismo. Esas fueron las cosas que capté, así con su habilidad nata.

En ese momento nos preguntamos: "¿Qué vamos a conseguir a cambio de Harold Baines?" Harold Baines era un bateador de primera, un *All Star*, el jugador de nuestra franquicia. Pero después de ver a Sammy, acordamos que sería un tipo de jugador como Minnie Minoso. Minoso había sido un gran jugador de los Medias Blancas en 1950. Un jugador que de veras me gustaba. Yo veía a Sammy en ese molde: un tipo que podía pegar entre 15 y 20 jonrones anuales, robar 30 bases y con un tremendo brazo. Los informes de nuestros buscatalentos daban al brazo de Sammy muchas posibilidades y además tenía la habilidad de jugar bien en la defensa. Por su velocidad, pensábamos que podía ser un estupendo jugador.

Estábamos construyendo un equipo joven y pensamos que Sammy encajaría perfectamente con nuestro club. Cuando mirábamos las diferencias entre Juan y Sammy, era como la diferencia entre la cabeza y los hombros—Juan González era único, Sammy estaba a otro nivel. Sammy había engordado unas cuarenta libras desde la primera vez que le vi pero en ese tiempo no se proyectaba como un toletero—no tenía el tipo de cuerpo.

Juan ya tenía una buena marca. Tenía un buen golpe y era más disciplinado y más depurado como jugador. Y tenía un buen brazo, pero Sammy tenía más velocidad que él. Supongo que lo más fácil era fijarse en Juan en aquel tiempo. El Sammy Sosa de hoy no es el mismo Sammy Sosa de entonces. Ha crecido y se ha convertido en quien es. Pero no se confundan, estaba muy contento de haber conseguido a Sammy. Como club, no teníamos mucho talento pero empezábamos a conseguirlo. Estaba buscando a alguien que pudiera correr y pegar y Sammy entraba en el molde. Era el tipo que necesitábamos.

Sammy:

Carlton Fish, que ya era un líder en los Medias Blancas de aquel entonces, dijo de Wilson y de mí: "¿Quiénes son estos tipos?" Al principio no lo averiguaría porque los Medias Blancas me mandaron a su equipo de Triple A en Vancouver justo después del pase. No jugué por una semana porque durante el pase me había lesionado ligeramente la espalda. Pero pronto estaba de nuevo en la alineación y deseoso de demostrar que mi lugar estaba en las Grandes Ligas.

En 13 juegos en Vancouver tuve un promedio de .367. Durante ese período, Larry Himes vino a visitarme y estaba convencido de que yo estaba listo. Pronto me volvieron a llamar por segunda vez. Regresaba a las Grandes Ligas.

De nuevo, mi equipo tenía un día libre el día que me avisaron y de nuevo jugaríamos fuera, esta vez en el Metrodome en Minnesota.

El 22 de agosto, vestí la camiseta de los Medias Blancas por primera vez delante de 24.976 personas en Minneapolis. Shane Rawley era el lanzador de los Gemelos, que estaba capitaneados por uno de mis jugadores preferidos: Kirby Puckett. En mi primer turno al bate caminé. Hice lo mismo en mi segundo turno.

Pero no en el tercero. Disparé un sencillo en la mitad de la quinta entrada. En la séptima, pegué un sencillo a la izquierda. Y en la novena entrada, disparé el segundo jonrón de mi carrera, una descarga que aterrizó seis filas más arriba de los asientos del jardín izquierdo del Metrodome. Ganamos el partido 10–1.

Pegué 3 batazos en tres turnos, un jonrón de dos carreras y una base robada. Después de eso, Carlton Fisk supo quién era yo.

"Buen estreno, ¿eh?", dijo mi gerente, Jeff Torborg. A diferencia de mi primer jonrón profesional, cuando los periódicos ni me citaron, esta vez los periodistas me preguntaron cómo se sentía estar bajo presión.

Esta misma pregunta me la harían una y otra vez años más tarde. Mi respuesta esa noche es la misma que hoy. Excepto que ahora hablo mejor inglés. Dije: "¿Presión?" "¿Presión por qué?"

Creía en mí mismo. Algunos confundieron eso con arrogancia pero nunca ha sido arrogancia. Mi fe en mi habilidad es simplemente grande. Y debía ser. Ahora era un miembro de los Medias Blancas y lo único que me preocupaba era que estaba en las Grandes Ligas y que podía jugar.

Estaba en Chicago, una increíble ciudad. Mi vida empezaba de nuevo.

Estaba con una nueva organización, que era distinto a estar en Tejas donde todo el mundo me conocía. Pero me sentía satisfecho cuando me fui de Tejas porque sentía que había dado buen ejemplo con mi energía y mi ética de trabajo.

Me estaba quedando en el Hyatt de Chicago. Melindo Pérez, un compatriota dominicano, estaba en el equipo conmigo. Terminé la última semana de la temporada jugando en Chicago y haciéndolo bien. Jugué 33 partidos con los Medias Blancas y conseguí un promedio de .257 con tres jonrones. Había sido canjeado pero sabía que así eran los negocios. Y cuando la temporada llegaba a su fin, había conseguido la meta más importante de mi vida. Estaba en las Grandes Ligas.

Ahora me preparaba para viajar a casa elegantemente y para comenzar de verdad a ayudar a mi familia a salir de la pobreza, que todavía formaba parte de sus vidas. Aunque ahora estaba en las ligas mayores todavía no ganaba suficiente dinero para cambiar la vida de mi familia, no todavía. Pero me estaba aproximando.

Era un hombre feliz cuando aterricé en Santo Domingo en octubre de 1989. Y mi familia también estaba feliz.

7

1990 y 1991
Pegándole A Lo Loco

Cuando regresé a casa después de la temporada de 1989, lo primero que quise hacer era cumplir la promesa que había hecho a mi madre de comprarle una casa. Pero aunque ya había alcanzado las Grandes Ligas todavía no tenía un sueldo de "Grandes Ligas".

Tal como había hecho anteriormente con las decisiones importantes de mi vida, me senté con Bill Chase para buscar la mejor forma de convertir este sueño en una realidad.

Bill Chase:

En 1989 Sammy estaba ganando el salario mínimo de las Grandes Ligas y llevaba jugando en éstas poco tiempo, así que no tenía suficiente dinero para comprar la casa que deseaba. Así que le dije: "Bien, en el negocio me va bien". Por esas fechas ya tenía tres fábricas y recuerdo haberle comentado algo a mi abogado sobre la situación de Sammy. Mi abogado me dijo que si quería, podíamos poner el dinero a medias, él pondría la mitad y yo la otra—le prestaríamos el dinero a Sammy. Lo único que teníamos que hacer era preparar un calendario de pagos y así hicimos. Sammy había encontrado una casa que le gustaba que costaba unos 50.000 dólares, y llegamos a un acuerdo. Esa fue la primera casa que compró a su madre.

Por entonces, yo ya sabía que este muchacho se iba a quedar en las mayores. No me importó ayudarle, porque una de las cosas que siempre he admirado de Sammy es que siempre me pagaba las deudas. Como la vez que le pagué sus primeros impuestos—unos $12.200—porque él no tenía dinero para hacerlo. Siempre repetía: "Yo soy dominicano y no tengo porque pagar impuestos en Estados Unidos". Vivir para aprender. Pero me pagó una vez que dio comienzo la temporada de 1990.

Sammy:

La vida me estaba cambiando muy rápidamente. De repente empecé a ganar dinero por primera vez y me pude permitir el lujo de gastarlo. Y aunque empezaba a mejorar financieramente, todavía estaba aprendiendo a sobrevivir.

Mientras me preparaba para la temporada de 1990 cumplí los veintiuno—sería mi primera temporada completa en las Grandes Ligas. Ahora que lo pienso había llegado muy lejos muy deprisa. A los trece años ni siquiera jugaba al béisbol organizado. A los catorce, armado con mi guante azul nuevo es cuando empecé a tomarme el juego en serio. A los quince, me hacían la corte y más tarde me rechazaban algunos equipos de las Grandes Ligas. A los dieciseis, estaba negociando mi propio contrato profesional. A la edad de diecisiete, me mandaron a Estados Unidos sin hablar una palabra de inglés. Y justo tres años más tarde estaba en las Grandes Ligas. Pero aunque joven, siempre me parecía muchísimo tiempo. Aunque ahora que recapacito, me sorprende lo rápido que ocurrió todo.

Estaba madurando pero todavía era muy joven—estaba aprendiendo el juego de pelota, seguía con el inglés y me familiarizaba con las costumbre americanas. Todavía intentaba aprender todas las cosas importantes de mi profesión: cómo vestirme, cómo comportarme, qué decir a la prensa, dónde comer, cómo ordenar del menú, en quién confiar y de quién desconfiar.

Aunque personas como Bill Chase, Omar Minaya y Larry Himes me pudieran ayudar, no podían vivir la vida por mí. Había cosas que tenía que aprender sólo, a los golpes. Y antes de que diera comienzo la temporada, ya estaba aprendiendo cosas muy importantes sobre la vida.

Bill Chase:

Recuerdo que el día de la inauguración de la temporada de 1990, iba camino al partido con el hermano de Sammy, José Antonio, cuando me comentó: "Sammy tiene algo que decirte". Le pregunté de qué se trataba. Y me contestó: "Es mejor que te lo diga Sammy".

Después del juego, José Antonio me indicó: "Mikey te quiere contar algo".

Y Sammy me mira y dice: "Ah, sí, que me he casado".

¡Casado!

Sammy:

Era joven y había cometido un error, pero no sabría de qué magnitud hasta más tarde. Sí, muy pronto, llegaría a arrepentirme de esta decisión y a aprender mucho sobre la vida en mi nuevo universo.

Pero mientras tanto, tenía que prepararme para la temporada más importante de mi vida. Los Medias Blancas estaba terminando una temporada desastrosa en 1989. El equipo había terminado con 69–92, en el último puesto de la Liga Americana del Oeste. Si no hubiera sido por los Tigres de Detroit—que perdieron 103 juegos en 1989—habríamos conseguido el peor récord en la liga.

Como decía Larry Himes, el equipo no era muy bueno pero luchaba por mejorar con la ayuda de los jóvenes jugadores como yo que habían llegado gracias a los pases, además de los talentos que habían cosechado de su propio sistema de pequeñas ligas. Ese febrero, listos para el entrenamiento de primavera, nos presentamos en Florida una colección de chiquillos, veteranos y técnicos. También esa misma primavera, Larry Himes y el gerente, Jeff Torborg, nombraron a Ozzie Guillen y a Carlos Fisk como nuestros capitanes.

Ozzie, que es de Venezuela, era nuestro paracorto y para entonces uno de los jugadores más populares entre la hinchada del Sur de Chicago. Carlton Fisk era nuestro receptor y había jugado en las ligas mayores desde que yo era un niño en San Pedro.

Además de mí, había muchas caras nuevas en el equipo de los Medias Blancas. En 1990, Robin Ventura también se preparaba para jugar su primer año completo con las mayores. Esa primavera jugó tercera base y los periódicos dijeron que era el primer jugador de tercera con potencial de estrella en los Medias Blancas en mucho tiempo.

Scott Fletcher, que como yo también venía de los Vigilantes, era nuestro jugador de segunda base. Carlos Martínez, que tenía veinticinco años y para quien éste era sólo su segundo año jugaba en primera.

Yo jugaba de jardinero derecho. Lance Johnson, para quien también ésta era su primera temporada completa, jugaba en el centro. E Iván Calderón, de Puerto Rico, jugaba en el izquierdo.

Todavía jugábamos en el viejo Comiskey Park, un estadio antiquísimo construído en otros tiempos cuando los jardines eran enormes. Afortunadamente, Lance, Iván y yo teníamos lo que Larry Himes quería: éramos muy rápidos. Nuestros lanzadores nos lo agradecieron. Entre los tres, neutralizamos muchos posibles dobles y triples. A mitad de año, nuestro mejor lanzador era mi compatriota Mélido Pérez. Y ese año había otra joven promesa en los Medias Blancas preparándose para su primera temporada completa en las Grandes Ligas: el lanzador diestro Jack McDowell.

Pero a pesar de nuestro entusiasmo, talento y optimismo, nadie nos dio ese año una oportunidad. El Día de la Inauguración, el *Chicago Tribune* reportaba:

"Los Medias Blancas terminarán nuevamente últimos en 1990".

A Larry Himes le gusta decir que los jugadores jóvenes "no saben si son malos ni lo que tienen que hacer , sólo saben jugar fuerte". Y eso fue lo que hicimos. ¡Y maldita sea si no íbamos también a ganar!

Mientras todo el mundo andaba ocupado diciendo que no estaríamos listos para competir hasta 1991, nosotros les demostramos que estaban equivocados. Enseguida empezamos a ganar aunque yo, personalmente, tardé un poco en arrancar. La primera semana pegué alrededor de .200, hasta que los Indios de Cleveland vinieron a la ciudad y disparé un par de triples ganando por 9–4. Pero eso no terminó ahí. Conseguí una base por bola y demostré la velocidad de la que era capaz yendo de primera a tercera en un sencillo.

Un poco más tarde, coloqué un jonrón en las gradas superiores de Comiskey. Y después en un partido contra mi antiguo equipo, los Vigilantes, pegué una lenta al bosque durante una maratón de 13 entradas. Salí disparado de la caja de bateo y corrí tan de prisa que mi amigo Julio Franco tuvo que apresurar su lanzamiento—que desperdició. Corrí a segunda y me apunté una carrera con un sencillo de Lance Johnson.

Estaba esforzándome mucho y me presentaba temprano al terreno de juego. El domingo de Pascua, estaba en el estadio a las ocho de la mañana, realizando una práctica de bateo con nuestro entrenador, Walt Hriniak—quien jugó un papel muy importante en una fase crítica de mi carrera. Que aunque crítica, desgraciadamente no resultó positiva. De hecho, Hriniak es una de las pocas personas en béisbol de quien tengo algo negativo que decir. Pero de eso hablaré más tarde.

La conclusión es que 1990 fue una excursión para los Medias Blancas y para mí una excelente temporada. Sorprendimos a todo el mundo. En lo que me concernía, la prensa escribía positivamente sobre mí, dejando de lado las críticas que habían rodeado el canje que me había traído a Chicago.

Por primera vez la gente escribía sobre mis circunstancias, me preguntaban sobre mi juventud en San Pedro. En un artículo se relataba una reunión que había tenido con Walt Hriniak. Walt nos estaba preguntando a todos los bateadores si podíamos decir honestamente que habíamos trabajado duro. Yo contesté honestamente: "He trabajado duro cada día de mi vida". Nuestro mánager, Jeff Torborg, dijo que al escuchar mis palabras se le puso la piel de gallina porque sabía que estaba contando la verdad.

Sin embargo, no todo fue fácil para mí en 1990. A finales de mayo me desplomé—fue pegando 8 de 40 turnos en el plato. Jeff Torborg me dejó libre un par de juegos. Él y Larry Himes sabían que con todos los jugadores jóvenes que había en el equipo de los Medias Blancas debían tener cuidado.

Yo era joven y jugaba como tal. Durante un partido a fines de junio contra los Ángeles de California, me sorprendieron en primera base, se me cayó una bola en el jardín derecho y disparé un jonrón para ganar el partido.

Larry Himes:

Se veía el talento que tenía. Era fascinante. Sammy se tiraba para agarrar todas las bolas. Se lanzaba horizontal al aire y disparaba una bala al cuadrado. Pero también malabareaba un roletazo que estaba a punto de tirar al plato o agarraba la bola y la lanzaba desviándola trienta pies. Su juego no tenía equilibrio. Reconozco que hacía tiros salvajes o ponchaba intentando pegar un lanzamiento en el suelo; pero siempre pensé que tenías que ser paciente con él.

Yo lo defendía aún cuando hacía cosa que no correspondían a las expectativas que se tienen de un jugador de las ligas mayores. Pero en el fondo Sosa, nos trabajó muy bien. Él comprendía que era el centro de atención por el canje con Baines y a veces hacía cosas increíbles. Tenía todos los ingredientes y era sólo una cuestión de tiempo.

Quiero decir, aquí teníamos un joven que estaba aprendiendo a jugar mientras lo hacía. Podría haberse pasado el año entero en la Triple A y no creo que hubiese sido mejor para él. Lo más probable es que hubiera tenido una tremenda temporada en Vancouver.

Pero no podíamos hacer eso. Yo necesitaba a alguien con quien poder justificar el canje que habíamos hecho. Pero cuando lo pienso, no había jugado demasiado en la Triple A, ni antes ni después de venir con nosotros. Este chico vino de la Doble A a las mayores sin haber pasado ni un año en la Doble A. Lo único que le hacía falta era un poco de tiempo para probarse a sí mismo.

Pienso que los técnicos de los otros equipos sabían cómo llegar a él porque sabían que su zona de batear era mala y en consecuencia la industria lo veía así. Sammy tenía una área de golpe que iba desde la punta del bate hasta la parte superior de los zapatos. Le veías ponchar con una curva en el suelo. Tendría dos o tres hombres en la base, el lanzamiento le pasaba por encima de la cabeza y continuaba intentado pegarle. A veces, hacía las cosas difíciles. Pero nunca le reprochabas su energía, su entusiasmo y su ética del trabajo. Y esas cualidades siempre estaban presentes. Él necesitaba a alguien que le ayudara y le guiara. Pero Sammy ha tenido que aprender las cosas por sí solo, y es una pena.

No me mal interpreten, Sammy jugó muy bien en 1990. Tenía sólo veintiún años y disparó 15 jonrones, robó más de 30 bases y anotó 70 carreras impulsadas. Considerando que su promedio era sólo .233, robó muchas bases y tuvo un año muy provechoso. A los hinchas les encantaba la agitación que traía al estadio.

Sammy:

Todavía era joven en 1990. Llevaba el pelo largo y rizado y tenía bigote. Era uno de los jóvenes del club, pero estaba orgulloso de mi temporada porque, por empezar si no hubiese sido una persona fuerte no habría llegado a las Grandes Ligas.

Sí, había cometido trece errores esa temporada, más que cualquier otro jardinero en la Liga Americana. Pero fui el único jugador de la Liga Americana que logró dos cifras en jonrones, triples y bases robadas con 15, 10 y 30, respectivamente.

Fuera del campo de juego todavía seguía pagando mis deudas y preocupándome por mi familia. En el terreno de juego, el equipo disfrutó de una temporada de 94 victorias, suficientes—en otros años—para ganarse el banderín. Pero imposible cuando estás en la misma división que los Atléticos de Oakland, los finalistas de la Serie Mundial que ese año ganaron 103 juegos. Es lógico: su alineación estaba llena de figuras como José Canseco, Rickey Henderson y un tipo llamado McGwire.

Pero, ¿qué es lo que decía siempre mi madre? La vida nos trae cosas buenas y malas, y a veces juntas. Ella tenía razón.

Mientras los Medias Blancas estaban registrando su mejor temporada desde 1983, Larry Himes—el gerente general responsable de haber llenado el equipo de figuras—fue despedido después de una disputa con el dueño del equipo. Me sentí mal porque Larry me había demostrado, con mi canje, que creía en mí. Aunque no lo sabía, ese acontecimiento tendría consecuencias serias para mí.

También aprendí más adelante que la gente que se interesaban en mí —los que me habían conocido desde mis primeros días como profesional—estaban preocupados por lo que pudiera suceder. De que yo perdiera un valioso mentor antes de convertirme en un auténtico jugador.

Omar Minaya:

Mi único temor entonces era que Sammy estuviera en una organización donde nadie se preocupara por él, que estuviera en una situación donde la gente lo forzara a hacer cosas. Sammy no reacciona bien cuando lo fuerzas a hacer algo.

Sammy:

Las palabras de Omar resultaron proféticas. Además, fuera del campo tenía un asunto muy serio entre manos. Me había divorciado a finales de 1990.

Bill Chase:

Sammy era un joven sin experiencia. Conoció a una muchacha americana, se ilusionó con ella y se casaron. Pero pronto se vio claramente que esta situación no iba a funcionar. Este fue un episodio breve en su vida, tan solo de enero a agosto de 1990. Pero renació en febrero de 1991.

Sammy:

Llegué a práctica de la primavera, en 1991 con muchas esperanzas. Pero mis problems personales del año anterior, combinado con las publicacíones desfavorables en la prensa, resultó en la temporada más dificil de mi carrera. Fue un año solamente con problemas y emociones dolorosas durante toda la primavera y verano. Además de todo esto, mi familia sufrió otra tragedia con la muerte de mi padrastro.

Al final, pegué un miserable .203. Disparé sólo 10 jonrones, y anoté únicamente 33 impulsadas y robé 13 bases.

El año empezó mal porque el técnico de los Medias Blancas decidió que me turnara con Cory Snyder en el jardín derecho. No me gustó esa decisión y lo dije. Aún así tenía momentos de alegría. El Día de la Inauguración de la temporada, disparé dos jonrones contra los Orioles de Baltimore— uno de ellos un golpe de tres carreras.

Pero las cosas me fueron tan mal ese año que a fines de abril me habían quitado de la alineación abridora. Por entonces tenía un promedio de .071. Sentí que todas mis luchas en el plato comenzaron por culpa de Walt Hriniak, el entrenador de bateo que mencioné antes. Él quería que yo pegara de una forma que no era la mía. Creí de veras que el haber cambiado mi forma de pegar fue lo que me trajo todos los problemas y que perjudicaron mi carrera en esos primeros tiempos. Walt Hriniak y yo no hacíamos buena pareja.

Me hacía ir a prácticas de bateo a las seis de la mañana. ¡Seis de la mañana! Y si aparecía a las 6:01, no quería entrenar conmigo.

Pero como ya dije, el estilo de bateo que Hriniak quería imponerme causó los peores problemas. Era un estilo que quería que utilizaran todos los jugadores: cabeza gacha, el peso hacia atrás, golpe bajo a la bola, bajar el hombro y soltar la mano superior del bate con el seguimiento.

Lo peor era que en poco tiempo estaba tan confundido y tenso que tenía que mirar a la cueva después de cada bateo. ¿Se imaginan eso? Yo, un bateador de las Grandes Ligas mi-

En la jaula de bateo con Manny Alexander (izquierda) y José Hernández (derecha). José es un talentoso jugador de Puerto Rico que empezó con la organización de los Vigilantes un año después que yo. Manny es de San Pedro como yo y ha sido un gran amigo y compañero de equipo de los Cachorros. FOTO CORTESÍA DE LOS CACHORROS DE CHICAGO/ STEPHEN GREEN.

Cada vez que disparo un jonrón saludo a mi madre tocándome el corazón y soplándola un beso. FOTO CORTESÍA DE LOS CACHORROS DE CHICAGO/STEPHEN GREEN.

Durante la pugna de los jonrones en 1998, la prensa fue creciendo a medida que Mark McGwire y yo nos aproximábamos al récord de Roger Maris. FOTO CORTESÍA DE LOS CACHORROS DE CHICAGO/STEPHEN GREEN.

Mi meta era convertirme en uno de los mejores jugadores como el jardinero Barry Bonds de los Gigantes de San Francisco. FOTO CORTESÍA DE LOS CACHORROS DE CHICAGO/STEPHEN GREEN.

Pegando el imparable número 61 para igualar el récord establecido por Roger Maris el 13 de septiembre de 1998. FOTO CORTESÍA DE LOS CACHORROS DE CHICAGO/STEPHEN GREEN.

El 13 de septiembre de 1998 fue el día con el que había soñado. Después de disparar mi jonrón 61 en la quinta salida para superar a Babe Ruth y empatar el antiguo récord de Roger Maris, pegué el 62 en la novena salida, los Cachorros derrotaron a los Cerveceros 11-10. Los espectadores me brindaron una ovación que llevaré siempre en el corazón. FOTO CORTESÍA DE LOS CACHORROS DE CHICAGO/STEPHEN GREEN.

Estaba emocionado de ser el primer Cachorro en alcanzar la marca de 30/30 cuando disparé 33 jonrones y robé 36 bases en 1993. FOTO CORTESÍA DE LOS CACHORROS DE CHICAGO/STEPHEN GREEN.

Los hinchas de Chicago son estupendos — a veces hasta usan sus cuerpos para deletrear mi nombre. FOTO CORTESÍA DE LOS CACHORROS DE CHICAGO/STEPHEN GREEN.

A medida que la pugna de los jonrones se fue caldeando a finales del verano de 1998 teníamos conferencias de prensa antes de los partidos con los reporteros de la televisión, los periódicos y las revistas que nos seguían de ciudad en ciudad. Estuve en la portada de *Sports Illustrated* por primera vez y ESPN me dedicó un programa de una hora. FOTO CORTESÍA DE LOS CACHORROS DE CHICAGO/STEPHEN GREEN.

El 19 de agosto de 1998 Mark McGwire y yo estabamos empatados con 47 jonrones con seis semanas todavía de temporada. La atención de la prensa era increíble. Lo que Mark y yo estabamos logrando era que el público se centrara de nuevo en el béisbol después de la negatividad causada por la huelga. FOTO CORTESÍA DE LOS CACHORROS DE CHICAGO/STEPHEN GREEN.

A menudo me han preguntado por qué me alegraba por Mark McGwire y le llamaba "el hombre". Esa era mí manera de expresarle mi respeto y admiración. Mark es un gran jugador. FOTO CORTESÍA DE LOS CACHORROS DE CHICAGO/STEPHEN GREEN.

He tenido la suerte de conocer a los mejores deportistas de todos los tiempos incluido la leyenda del boxeo Muhammad Ali. FOTO CORTESÍA DE LOS CACHORROS DE CHICAGO/STEPHEN GREEN.

Uno de mis recuerdos favoritos de la temporada de 1998 fue la noche que ganamos a los Gigantes de San Francisco en un juego de eliminatoria que nos situó en los juegos post-temporada como equipo comodín. FOTO CORTESÍA DE LOS CACHORROS DE CHICAGO/STEPHEN GREEN.

Tengo el honor de tener a Michael Jordan de amigo. Ganó su sexto y último campeonato con los Toros en la primera parte de 1998. Con los Cachorros pretendíamos mejorar al empezar la temporada del '98. FOTO CORTESÍA DE LOS CACHORROS DE CHICA-GO/STEPHEN GREEN.

Mantuve la concentración durante la gran pugna de los jonrones de 1998 centrándome en ganar partidos en lugar de la atención de la prensa. FOTO CORTESÍA DE LOS CACHORROS DE CHICAGO/STEPHEN GREEN.

El 18 de julio de 1999 fue el Día de la Familia en el Estadio Wrigley. Arriba, de izquierda a derecha, mi esposa Sonia, mi hija Keysha y yo. Abajo, de izquierda a derecha, mi hija Kenia y yo sujetando a mis hijos Sammy Jr. y Michael. FOTO CORTESÍA DE LOS CACHORROS DE CHICAGO/STEPHEN GREEN.

Uno de mis momentos favoritos de la temporada de 1998 fue el 20 de septiembre cuando los Cachorros celebraron el Día de Sammy Sosa. Muchos de mis amigos y familiares estuvieron conmigo en el campo. Mi madre Mireya (izquierda) estaba a mi lado en ese conmovedor día. FOTO CORTESÍA DE LOS CACHORROS DE CHICAGO/STEPHEN GREEN.

rando a la cueva despúes de cada golpe para recibir la aprobación del técnico.

Pronto mi vida se volvió atroz. A principios de mayo, mi promedio continuaba en menos de .200. No me podía creer la presión bajo al que me encontraba. Era terrible. No podía decir nada porque Hriniak era una de las personas que tomaba las decisiones en el equipo. Le habían otorgado mucha autoridad. Algún tiempo después, quería que me canjearan. No me importaba nada.

Y lo peor era el ambiente en el club. Al principio quería quedarme en el equipo e hice todo lo posible por que así fuera. Lo que no entendía es cómo pude pasar de anotar 70 carreras impulsadas y robar 30 bases en 1990, a tener tantos problemas con el equipo. Todavía no lo entiendo.

Creo que todo empezó a cambiar cuando Larry Himes dejó los Medias Blancas.

Larry Himes:

Había más politiqueo que evaluación del potencial. No me gusta echarle la culpa a Walt, porque Walt es un hombre trabajador. El problema era que el dueño de los Medias Blancas, Jerry Reinsdorf, había dado a Walt más autoridad de la necesaria. Walt tenía un contrato más largo que el propio gerente y gerente general. Walt era un pequeño bulldog al que habían investido con mucha autoridad. No provenía de mí o de Jeff Torborg, venía directamente del propietario.

Walt era incontrolable precisamente por ese poder. Estaba tratando de imponer ese tipo de bateo a todos, pero Sammy era un bateador de nacimiento. Sammy necesitaba vivir el juego, no analizarlo técnicamente. Al final, Sammy no pudo rendir lo que ellos querían con esas limitaciones, así que decidieron que Sammy no rendía. Opinaban que eso significaba que la transferencia de Sammy había sido una equivocación y debían sacarlo del medio. Sammy acabó enredándose en estas cosas. Perdieron toda la confianza en él.

Sammy:

El 19 de julio las cosas fueron de mal en peor. Los Medias Blancas me bajaron de nivel. Me iba de vuelta a la Triple A. Pero lo peor fue que esta bajada de categoría transcurrió durante el primer viaje de mi madre a Estados Unidos. Había conseguido un visado de seis meses para ella y otros familiares y se alojaban en mi apartamento. Mi hermano, José Antonio, y mis hermanas ya me habían visitado—siempre tenía familia a mi alrededor. Pero esta era la primera vez que mamá hacía el viaje.

No puedo expresar cómo me sentí después de escuchar que me enviaban a Vancouver. Además tenía que decirle a mi madre, que había venido de tan lejos, que no me podía quedar con ella. Que me marchaba. Recuerdo ese día como si fuera hoy.

Entré en el apartamento y ahí estaba mi madre, sentada mirando la televisión y le dije: "Mamá, no te preocupes. Es la última vez que alguien me deprecia. Es la última vez que nadie me va a tratar de esta forma". Ella me miró y, como ha hecho siempre desde que soy niño, me hizo sentir mejor.

Mireya Sosa:

Mi hijo siempre parece alegre, pero yo sé cuando algo le preocupa. Él me dijo: "Mamá me van a enviar a la Triple A".

Y le contesté con fuerza: "Hijo, no te preocupes. Vete y juega lo mejor que puedas. Ya verás que cuando termine esta temporada vas a ser otra persona. Esta experiencia te hará más fuerte".

Puede que no supiera mucho de béisbol, pero no soy tonta. Sabía que algo pasaba. Así que cuando Mikey se acercó, sabía lo que me iba a decir.

Sammy:

Hice las maletas y tomé el avión a Vancouver. Regresaba a las ligas menores después de creer que sería un jugador de las grandes. Estuve allí un mes y jugué 32 partidos. Pegué un promedio de .267 pero al final de mi estancia estaba reventando la pelota. Estaba claro que el equipo me iba a marginar hasta el primero de septiembre, cuando los equipos ampliaban sus listas. Me empecé a preparar mentalmente para el último mes de la temporada y ver lo que pasaba después.

Larry Himes:

Cuando me enteré que lo habían enviado a la Triple A dije: "Pero, ¿cómo pueden enviar a Sammy Sosa a Vancouver? ¿Cómo le pueden hacer eso?" Me ofendí.

Sammy:

Cuando recuerdo 1991, puedo decir honestamente que fue el año que aprendí más. Mi madre tenía razón, yo era otra persona, una persona más fuerte. Hasta el equipo me pidió que regresara cuatro días antes, el 28 de agosto.Cuando volví, los periodistas me preguntaban cómo me sentía. Les respondí: "Esta vez me quedo aquí para siempre. Soy mejor persona y haré el trabajo mejor".

Hasta logré disfrutar durante todo esto. En una entrada adicional en un partido con los Ángeles a finales de septiembre, estaba parado en segunda base con Lance Johnson en el plato. Le dieron la señal de lanzamiento y bateó, estrelló la pelota que rebotó llegando a primera, permitiendo anotar desde segunda.

Ganamos el partido. Yo tenía la velocidad y aún podía crear conmoción en el campo de juego.

La temporada—gracias a Dios—tocó a su fin. Volví a casa más tranquilo, aunque resentido por mi promedio de .203. Nunca había luchado tanto en el terreno de juego. Pero seguía siendo un jugador de las Grandes Ligas.

Ah, ¿recuerdan esas cinco muchachas que me dieron que no cuando les pedí que fueran mis novias—las que me negaron una a una? Poco a poco, todas regresaron y me pidieron que me lo pensara de nuevo.

En ese momento tenía dinero, y esta vez fui yo el que dije no.

Ese octubre, fui a una discoteca de Santo Domingo llamada Babilonia. Desde el otro lado de la pista divisé una bellísima mujer que me cautivó. Se llamaba Sonia y sería la mujer que conquistaría mi corazón. Me gusta decir que conocer a Sonia fue como un regalo enviado por Dios. Nos entendimos desde el primer momento. Y me enamoré de ella. Se convirtió en mi esposa y hasta el día de hoy estamos muy unidos. Me ha dado cuatros hijos preciosos: Keysha, Kenia, Sammy Jr. y Michael.

Lo único que le pedí fue que me amara y respetara.

Después le dije que la iba a convertir en una reina. De hecho, conocer a mi esposa fue lo único bueno que me pasó en todo el año 1991. Su amor redimió todo lo demás. Pero todavía había una incógnita en el ambiente cuando el año 1991 tocó a su fin, ¿cuál sería mi futuro en el béisbol? En diciembre, justo antes de Navidad, empezaron a circular por Chicago los rumores de que mis días con los Medias Blancas estaban contados. Primero, que los Medias me estaban ofertando a los Astros de Houston a cambio del lanzador Mark Portugal. También se rumoreaba que me traspasarían a los Mets de Nueva York. También se mencionaba mi nombre en relación a los Expos de Montreal y los Rojos de Cincinnati.

Y, como despedida de año, apareció un artículo muy ofensivo dos días antes de Navidad. Decía: "La pregunta es: ¿qué le ha pasado a ese jugador que prometía tanto?" El artículo se refería a mí. Un anónimo jugador de los Medias Blancas declaró que era imposible entrenarme. El jugador fue citado diciendo esto de mí: "Se le ha enseñado que 'yo soy Sammy. Hago lo que yo quiero. He logrado salir triunfante sin pegarle demasiado bien a la pelota en República Dominicana'".

Sí, quizás era joven, quizás había hecho cosas que no debía. A veces era difícil. Pero cada vez que iba al campo lo entregaba todo. Había demostrado que prometía y que tenía mucho potencial.

Cuando 1991 dio paso a 1992, intentaría aprender de mis experiencias y demostrar al público lo que era capaz de hacer. Aprendí que mantenerse en las Grandes Ligas es más difícil que llegar a ellas. Gracias a Dios por haberme enviado a mi esposa, sobre todo en el momento que lo hizo. En esa época necesitaba todo el apoyo posible. Ahora tenía que enderezar mi carrera. Era mi nueva meta. Pero puedo decir con honestidad que recuperar la confianza en mí mismo me tomó algún tiempo. Había sido un año muy malo.

8

1992
Cosas del Destino

Larry Himes:

En ese momento, Sammy se estaba tratando de convertir
en un jugador de las Grandes Ligas de Béisbol. Pero tenía
muy poca confianza en sí mismo. Bajo esa apariencia exterior
había algo que se tenía que probarse a sí mismo. Y aunque
parecía arrogante y que tenía todo bajo control, en realidad
no era así.

Sammy:

Aún antes de presentarme al entrenamiento de primavera
en 1992, los rumores sobre mí entre los profesionales estaban
en plena efervescencia. Y cuando llegué a Florida, había un
nuevo gerente: Gene Lamont.

Me había fortalecido mentalmente para trabajar duro y
solucionar mis problemas con el equipo. Pero de inmediato
me percaté que las cosas continuaban igual que el año anterior. En febrero, Lamont fue citado en un periódico aconse-

jándole a Sammy que funcione. "Le advertí que le convenía jugar bien", dijo Lamont al *Chicago Tribune*. "Siempre estamos hablando de su potencial, pero debe jugar como todos dicen que puede".

Traté de mantenerme optimista. Cuando me preguntaban, contestaba a la prensa que creía que Lamont era buena persona. Todo el mundo me preguntaba por Walt Hriniak. Contestaba que no quería problemas con nadie, que quería llevarme bien y hacer mi trabajo. También manifesté que quería seguir con el equipo. Pero no hubo manera.

Estaba allí para incorporarme al equipo pero no era bienvenido ni en los vestuarios del club. Con Gene Lamont, y Ron Schueler de gerente general, sabía que no tenía cabida, lo sabía por la forma en que me estaba tratando la gente.

Y el 30 de marzo, ocurrió. De nuevo me habían canjeado. Me llamaron a la oficina de Ron Schueler y me comunicaron que me iban a traspasar. Cuando terminó la reunión me levanté y les dije a ambos: "Muchas gracias. No saben cómo lo aprecio". Ellos querían seguir conversando pero yo no tenía ninguna gana. Les dije: "Gracias, muchas gracias. Ustedes no tienen idea de lo que se están perdiendo". Insistían que siguiéramos hablando pero les dije: "No. No. No. No hay más que hablar. De nuevo les digo gracias. Gracias". Y me fui.

Regresé a los vestuarios y cuando estaba dentro me quité la camiseta de los Medias Blancas y la tiré al aire. Entonces les comuniqué a Ozzie Guillén y a Ivan Calderón que me iba que me habían tranferido.

Estaba contento porque en ese momento me sentí como si hubiera estado en la guerra y hubiera sobrevivido. O como si hubiera estado en la cárcel y me hubieran sacado bajo fianza. Era como decir: "¡POR FIN LIBRE! ¡POR FIN LIBRE!" Empaqué mis cosas y me marché. Y mientras salía por la puerta, dije en voz alta: "Chicos, me largo. ¡Ya me verán de nuevo! ¡Voy a ser el mejor jugador de este deporte! ¡Hasta pronto! ¡Hasta pronto!"

Perdía el avión. En ese preciso instante supe que era lo mejor que me podía haber pasado en mi vida profesional. Y me sentí feliz porque supe que podría saltar cualquier obstáculo en mi camino.

Por segunda vez en menos de dos años, me habían tranferido. Y sorprendentemente, la misma persona era la responsable de ambas tranferencias: Larry Himes. En noviembre de 1991, los Cachorros de Chicago contrataron a Larry como gerente general. Y cuatro meses más tarde formalizó mi acuerdo—era su primer canje como jefe de la parte Norte de Chicago.

Yo estaba tan felíz que ese mismo día viajé a Mesa, Arizona, el lugar de entrenamiento de primavera de los Cachorros. Cuando llegué, la primera persona que busqué fue a Larry. Él estaba tan contento de verme, y yo también. Le di un fuerte abrazo y le dije cuánto apreciaba su fe en mí. Le prometí que no le defraudaría y que lo daría todo en cada partido, le dije que nunca se arrepentiría de su decisión.

Tal como hizo la primera vez, Larry había tenido que renunciar a mucho para conseguirme. ¿A quién canjearon los Cachorros por mí? Nada más ni nada menos que a George Bell, con quien los Cachorros habían firmado un contrato millonario en 1991 y había sido nombrado Jugador Más Valioso en 1987 con los Azulejos de Toronto. Como dije antes, George es de San Pedro de Macorís y cuando yo era pequeño era toda una leyenda en mi pueblo. Y ahora resultaba que nos habían cambiado al uno por el otro.

Tal como ocurrió con el canje de Harold Baines, éste generó mucha tinta en Chicago. Todo el mundo preguntaba lo mismo a Larry: "¿Por qué lo hiciste?"

Larry Himes:

Este canje tuvo todavía más eco que el anterior porque estábábamos canjeando de un lado de la ciudad a otro. Aquí estaba yo, ex gerente general de los Medias Blancas por cuatro años que ahora trabajaba para los Cachorros, y el primer canje que realizo es ¡con mi antiguo equipo! El centro de atención no era tanto Sammy como yo. Aquí estaba canjeando a George Bell. Los Cachorros habían conseguido a George en un acuerdo de agente libre por cinco años. Y en aquel entonces George hacía muchas cosas que Sammy no sabía hacer. Tenía todo lo que Sammy necesitaba: disciplina en la zona de bateo y podía pegar fuerte. Pero no podía correr. Durante el entrenamiento de primavera me estuve fijando en George y vi como las pelotas se caían delante de él.

Aunque era solamente el entrenamiento de primavera, siempre busco gente que se esfuerce y eso no lo notaba en George. Es su carácter. Aunque tiene gran concentración y disciplina con el bate en las manos, no lo traslada a su defensa. Yo lo observaba y pensaba: "Así no podemos jugar".

Especialmente en la Liga Nacional hacen falta jugadores que dominen ambos lados del campo. No puedes permitirte el lujo de tener un jugador que sólo sepa pegar, como en la Liga Americana. Los Medias Blancas necesitaban un cuarto bateador, les llamé y les dije que George estaba disponible y cuando comenzamos los tratos les dije: "Quiero a Sammy".

En ese momento les podría haber ofrecido a cualquiera y me hubieran entregado a Sammy. Quería a Sammy porque sabía que podía jugar los dos extremos del campo. Sabía que robaría bases. Que iba a cortar elevadas. Con su potente brazo y su velocidad en el jardín, los dobles se transformarían en singulares. En la Liga Nacional hace falta gente que puedan defender el jardín.

El acuerdo se concretó y Jerry Reinsdorf quería dinero,

porque George estaba ganando tres millones de dólares y Sammy no ganaba mucho más que el salario mínimo de las Grandes Ligas. Tuve que pagarles 400.000 dólares. Era imprescindible para el acuerdo, eso era lo que Jerry buscaba.

Recordando aquello, el acuerdo casi no se cierra por problemas de comunicación, un accidente inesperado y mala suerte. El día en que íbamos a firmar el acuerdo, celebrábamos un partido del entrenamiento de primavera y los Medias Blancas mandaron a alguien para ver jugar a George. Le dije al gerente, Jim Lefebvre, que George jugaría tres salidas y eso era todo lo que iba a ver. Así que jugó los tres turnos y dijo: "Bien, podemos cerrar el trato". Todo iba sobre ruedas, o eso pensé. Pero por algún motivo, George salió de nuevo al campo y jugó la cuarta entrada. De repente, estaba corriendo rápido para alcanzar un elevado, y se lesionó el tobillo. Yo estaba en mi oficina cuando me vinieron a buscar y me dije: "Caramba. ¡Se estropeó el acuerdo!"

Pensé que se había roto el tobillo. Estaba tan furioso que grité a Lefebvre:

"¡Te dije que lo sacaras después de la tercera entrada!" Estaba tan arrebatado que tuve que salir a darme un paseo. Cuando regresé, traje a George y lo acompañé a que lo examinaran los médicos y le hicieran una radiografía. Yo estaba sentado esperando y recapacitando: "Dios mío, confío que esté bien".

Mientras tanto, el juego afuera continuaba y yo tenía el mío propio en mi pequeña oficina. Me estaba volviendo loco. Esto duró unos noventa minutos antes de que los médicos volvieran para decirme que las radiografías eran negativas. Que sólo se había torcido el tobillo. Afortunadamente George no estaba lesionado. Pero cuando le dije que lo íbamos a canjear se enojó conmigo. Luego le comuniqué que era a cambio de Sammy. Y, claro, Sammy en aquel entonces no era nadie. Así que de repente estoy mirando a George y él a mí y, aunque no me lo dijo, su rostro tenía la expresión de: "¿Cómo demonios me puedes canjear por…Sammy Sosa ?"

Sammy:

Cuando recuerdo 1992, después de haber pasado por las ligas menores y de superar el mal trago con los Medias Blancas, éste era el primer año que empezaba a tener algo de éxito.

El tipo de éxito que te llena un poco más la vida. El equipo de los Cachorros tenía grandes jugadores: Andre Dawson, Ryne Sandberg, Mike Morgan y, claro está, Greg Maddux. Había jugadores de pelota verdaderamente buenos. Shawon Dunston también estaba allí. Me tuve que adaptar. Era como mudarme a una casa que no era mía.

Acababa de llegar a un equipo que tenía sus propias reglas de juego, aunque con la ayuda de Larry Himes estos cambios me favorecieron y, al final, me ayudaron mucho. Sin embargo, fue un canje que no tuvo mucha aceptación entre los hinchas de Chicago. Habían tranferido a George Bell. Y aunque algunos comentaristas que sabían de béisbol opinaban que yo tenía buenas perspectivas, cuando llegué a los Cachorros a principios de temporada el público no me aceptó ni me recibió con entusiasmo— porque no me conocía.

Ni sabían el talento ni el potencial que tenía. Los Cachorros me pusieron en el jardín central porque en el jardín derecho jugaba Andre Dawson, el capitán del equipo. Andre había sido con los Cachorros el Jugador Más Valioso de la Liga Nacional en 1987—año en que atestó 49 jonrones e impulsó 137 carreras. Andre había anotado otras dos temporadas con 100 carreras impulsada.

Era un gran jugador con mucha experiencia y además buena persona.

Yo era un jovencito, tenía veintitres años, y estaba reemplazando a un astro como parte de un canje. Sabía que tenía que trabajar duro para ganarme a los aficionados. Jugaría en el jardín central porque Jerome Walton, el jugador asignado a ese puesto, estaba en la lista de lesionados. El equipo había terminado el año anterior por debajo de .500 y sufrió un cambio de administración durante la temporada.

Debido a la incertidumbre del equipo—un equipo con vacantes por lesiones—y porque nadie sabía todavía que tipo de jugador era yo, me aguardaba un año de muchos cambios. Jugué distintas posiciones en el jardín y mi puesto en el orden de bateo cambiaba constantemente.

Entonces Jerome Walton se lesionó y lo reemplacé en el centro. Cuando Shawon Duston se lesionó, Jim Lefebvre me puso de abridor. Al principio, las cosas marcharon bien. En mis primeros cinco juegos, pegué 7 en 22 , registré 5 carreras, pegué 3 dobles y un jonrón. El 12 de mayo era cabeza de mi equipo con 20 carreras. Estaba pegando una media de .240— mejoraría—pero esa marca era una mejoría sobre mis días con los Medias Blancas.

Pero mi promedio empezó a resentirse por la incertidumbre de nuestra alineación. Cuando llegó el 13 de junio, en 57 juegos me habían cambiado cinco veces en el orden de bateo. La mayoría de las veces era abridor o segundo porque era el más rápido del equipo y Lefebvre quería velocidad en la cabeza de su alineación.

La gente pensó entonces que me había convertido en Rickey Henderson—un rapidísimo jugador que pegaba jonrones de vez en cuando. Pero, como todos ahora sabemos, ése no era el tipo de jugador que estaba destinado en convertirme. No, mi juego no era reventar el golpe solamente para llegar a la base que se requiere de un iniciador. Me sentía más a gusto más abajo en la lista, donde podía pegarle bien. Pero no pasé mucho tiempo ahí abajo a principios de la temporada. Generalmente luchaba en segundo lugar, donde, en 23 juegos pegué 19 en 91 turnos. Un promedio de .209. Nunca me sentí cómodo tan alto en la alineación.

Pero comprendía que nuestro equipo estaba teniendo problemas e hice todo lo que me pedían, era un buen soldado, aunque estuviera a la fuerza. Entonces Lefebvre me colocó más abajo. Inmediatamente mi promedio saltó a .280 y empecé a pegar jonrones. En seis juegos, cuando bateaba en quinta o sétima posición, tuve 8 en 22, un promedio de .364, con tres jonrones. De hecho, en cuatro juegos que bateé en quinta posición pegué en los cuatro juegos. Estaba claro donde pertenecía en la alineación.

En conjunto, en los primeros 24 juegos de la temporada mi promedio era .211, con una carrera impulsada que logré el Día de la Inauguración. No remolqué otra impulsada hasta el 5 de mayo y no logré mi primer jonrón como Cachorro hasta el 7 de mayo. Pero abajo en la alineación, despegué y empecé a sentirme como siempre había deseado: como un jugador de provecho de las Grandes Ligas.

El 10 de junio, en San Luis, pegué dos vuelacercas en un solo juego—la segunda vez que lograba esto en mi carrera. (La primera vez había sido el Día de la Inauguración de 1991 contra los Orioles de Baltimore, cuando todavía vestía el uniforme de los Medias Blancas.) ¡Gracias a Dios!

Pero en mi próximo juego me enfrenté a otro obstáculo, uno con el que nunca me había topado. Una lesión. El 12 de junio, Dennis Martínez de los Expos de Montreal me hizo un lanzamiento pegado. Traté de quitarme de en medio pero era demasiado tarde. Se estrelló contra mi mano derecha con una fuerza brutal, rompiéndome el quinto hueso metacarpo. Estuve en la lista de lesionados hasta el 27 de julio, casi seis semanas. Treinta y cuatro juegos fuera del campo. Justo cuando estaba cogiendo el ritmo, estaba fuera. Como diría mi madre, era el destino.

Larry Himes:

Me rompió el corazón cuando Sammy se lesionó. Y para mí pensé: "Dios, no necesito esto". Sammy no había tenido una oportunidad, y además me venían todos encima porque al otro lado de la ciudad George Bell estaba azotando la pelota, apuntándose carreras y teniendo una temporada increíble. Así que el canje parecía un fracaso.

Sammy:

George y los Medias Blancas se anotaron un buen año. Terminaron con un récord de 86–76, con George pegando .255 con 5 jonrones y 112 carreras impulsadas.

Mientras tanto, yo estaba fuera del campo con la mano enyesada. Lo único que podía hacer era seguir trabajando y no prestar atención a nada que me pudiera distraer.

Parte de ese trabajo le llevó de vuelta a Iowa, a los Cachorros de la Triple A, para rehabilitación. Parecía que no me podía escapar de la Triple A.

Pero esta vez era diferente, jamás regresaría. El 27 de julio regresé a la alineación de los Cachorros. Ya está, pensé. Me llegó la hora. Era una noche extraña en el estadio Wrigley, un lunes por la noche. Estábamos jugando contra los líderes, los Piratas de Pittsburgh y había un ambiente de juego de postemporada en el estadio. Justo antes de mi turno habíamos ganado 5 de 6 juegos y de repente nos encontrábamos 6½ juegos detrás de los Piratas. Habían perdido 5 de 7 al comenzar la competencia ese lunes por la noche.

Había 34.990 espectadores en Wrigley. Greg Maddux estaba en el montículo. Los Piratas se colocaron pronto en primer lugar. Entonces en el primer lanzamiento que veía desde que me pusieron en la lista de lesionados, pegué un jonrón y empatamos el partido.

Más tarde el *Chicago Tribune* escribió: "Después del jonrón de Sosa se palpaba como los Cachorros creían que todavía podían ganar". Entonces los Piratas retomaron la ventaja. Logré un sencillo y empatamos de nuevo el partido. Los Piratas llenaron las bases con un out en la octava entrada. Pero Maddux ponchó y José Lind pegó una al centro que recogí para el tercer out.

Entonces, al cierre de la octava, pegué un sencillo. Lefevbre pidió un hit con Ryne Sandberg bateando. Funcionó perfectamente. Sandberg pegó un sencillo y yo volé a tercera base. Ganamos el partido.

Acababa de regresar y estábamos 5½ juegos detrás de los Piratas con dos meses más de temporada. Y todavía nos quedaban dos juegos en casa contra los Piratas. Ganamos al día siguiente y en el partido final de la temporada; la magia nos había tocado de nuevo.

Esta vez había 36.554 personas en las gradas. Ese juego tuvo 11 entradas. Esta vez robamos a los Piratas cuatro carreras. Me tocó el turno al bate con un jugador al cierre de la décimoprimera. Jonrón.

Mientras corría por las bases, escuché un grito que volvería a escuchar de nuevo en los años venideros: "¡SAM-MI!" "¡SAM-MI!" "¡SAM-MI!"

Mis compañeros me rodearon en el plato. Habíamos barrido a los Piratas y yo había tenido un papel destacado en los tres juegos. Tenía 7 golpes en 15 turnos en la serie con 2 jonrones y 15 impulsadas.

Los Cachorros estábamos ahora a 3½ de distancia de los Piratas y nos podíamos permitir el lujo de soñar. Creíamos en nosotros mismos y yo en mí.

Larry Himes:

Cuando salió de la lista de lesionados lo vi arrancar. Dije: "Ahora sí que lo va a conseguir. Ahora vamos a ver al auténtico Sammy Sosa".

Sammy:

Estaba tan lleno de confianza que sentí que podía hacer cualquier cosa. Tres días después de haber barrido a los Piratas, estábamos en Shea Stadium jugando contra los Mets y yo estaba en primera base. El receptor de los Mets, Mackey Sasser, marcó un out pero de todas formas robé la base—y tiró la pelota afuera. Pero en lugar de pararme en la tercera base, navegué por la tercera y seguí corriendo. Anoté.

En nueve juegos después de abandonar la lista de lesionados, logré 15 de 39, con un promedio de .385. Anoté 3 jonrones, marqué 8 carreras e impulsé 9.

Entonces en el décimo juego desde mi regreso, el destino golpeó de nuevo. Estaba bateando contra Wally Whitehurst en la primera entrada, cuando pegué un batazo a la pelota que rebotó de mi bate. La pelota salió disparada derecho hacia abajo, como un láser, estallando contra mi tobillo izquierdo. John Fierro, nuestro entrenador, lo calificó como: "Un inesperado accidente que ocurre una vez en un millón".

Me rompí el hueso grande y protuberante del tobillo. John

manifestó que nunca había visto algo parecido en sus diecisiete años de béisbol. Al día siguiente las noticias fueron aún peores: Me quedaba afuera toda la temporada.

Como equipo nos aguardaban muchas más malas noticias. Habíamos bajado a cuarta posición y terminamos con un récord de 78–84.

Terminé el año jugando tan sólo 60 partidos, con sólo 262 turnos. Pegué una media de .260, con 8 jonrones, 25 carreras impulsadas y 15 bases robadas. Pero no decaí. Me había probado algo a mí mismo y demostré de lo que era capaz de hacer. Intentaría regresar al año siguiente con más fuerza y terminar lo que había empezado en 1992. Y el resto: Era una cuestión del destino.

9

1993–1995
Arrancar

Al empezar 1993 todavía sentía que me tenía que probar a mí mismo. Casi lo logré en el '92, pero el destino seguía interponiéndose. En el '93, quería que la organización de los Cachorros supieran que podía ser quien me propusiera ser. Así que continué trabajando. Jim Lefebvre era mi gerente y me comprendía, sabía que tenía habilidad. Sabía que podía triunfar. Eso me hacía sentir más libre como jugador y con más oportunidades para probar quién era.

La presión que había sentido con los Medias Blancas había desaparecido. El sistema de tener que mirar a la cueva después de cada golpe buscando la aprobación de Walt Hriniak tuvo un precio. Recuerdo que recién llegado al lado Norte, al pegar mi primer batazo durante el entrenamiento de primavera miré hacia la cueva de los Cachorros—parecía que seguiera programado.

Más tarde, nuestro entrenador de bateo, Billy Willliams, se acercó y me dijo: "No hay problema. No te preocupes más de eso". Ahora tenía la libertad para hacer lo que quisiera en el plato de casa. Eso me quitó un gran peso. Además, los técnicos de los Cachorros se esforzaron para hacerme sentir cómodo.

Siempre he tenido la habilidad para jugar este deporte. Pero es imposible desarrollar tu talento si estás constantemente bajo presión y dudando de tí mismo. Eso es lo que me había pasado. Poco a poco esa primavera del '93, mi confianza fue aumentando. Podía ver que mis compañeros de equipo, como Ryne Sandberg, confiaban en mí.

Recuerdo que cuanto más tiempo pasaba con los Cachorros, más me fascinaba Ryne Sandberg. En 1990, había tenido un magnífico año disparando 40 jonrones e impulsando 100 carreras. Logró otras 100 impulsadas de nuevo en 1991, pegó 30 jonrones en 1989 y había logrado temporadas de 26 jonrones consecutivas hasta 1993. ¡Y era segunda base!

A principios del 1993 yo había logrado un total de 37 jonrones con las Grandes Ligas, una breve carrera que se resumía en una temporada entera, un año en que me habían enviado a la Triple A por seis semanas, una temporada llena de lesiones, y una taza de café al final de 1989.

En mi juventud siempre trataba de imaginarme cómo Sandberg había disparado tantos imparables. Un día lo vi sentado en los vestuarios, me acerqué a él y me senté a su lado. Y sin que él se diera cuenta, empecé a comparar mi cuerpo con el suyo diciéndome a mí mismo: "¡Si este tipo puede descargar 40 jonrones, yo también puedo, porque soy mucho más grande que él!"

Pero en lo que Ryne me ganaba era en experiencia. Y además tenía unas manos muy rápidas. Pero una de las lecciones del béisbol es que a veces tienes la habilidad pero no la puedes desarrollar hasta que no maduras. A principios de 1993 todavía estaba tratando de encontrarme a mí mismo.

A pesar de haber tenido mis momentos de gloria, 1992 fue un año duro. Todavía estaba tratando de encontrar mi lugar en el equipo y de seguir con ellos. Eso era lo más importante.

Todavía era muy joven, sólo tenía veinticuatro años. Pero en la primavera de 1993, ya estaba evaluando el camino que había llevado a Mesa, Arizona, ese febrero. Me habían canjeado dos veces. Sabía que era parte del deporte, pero a algunos jugadores los canjean menos veces en sus carreras. Esa primavera, me hice una promesa. Iba a buscar mi lugar en el equipo, descubrir mi plaza en el béisbol. Por una parte, ya estaba cosechando los beneficios de ser un jugador de las ligas mayores. Después de la temporada mi sueldo había aumentado de 180.000 a 585.000 dólares al año.

En el terreno de juego seguía luchando con las cosas curiosas que a veces escriben los periodistas. Por ejemplo, cuando esa primavera hablaban de mi potencial un periodista me comparaba al gran Roberto Clemente. Para aquellos de ustedes que no lo sepan, Roberto Clemente fue el mejor jugador latino de todos los tiempos, un astro con los Piratas de Pittsburgh en los años cincuenta, sesenta y principios de los setenta. No sólo es idolatrado en su Puerto Rico natal, sino en mi país y en todos los países de Latinoamérica donde se juega a la pelota. Cuando Clemente falleció trágicamente en una accidente de avión a finales de 1972, toda Latinoamérica se puso de luto.

Desde entonces, muchos jugadores latinos han sido comparados con él y los columnistas siempre andan preguntándose quién será el próximo "Clemente". A través de los años jugadores latinos como Sierra, González, Mondesi y hasta yo, hemos sido comparados con Clemente. Y la lista sigue y sigue. Así que cuando me hicieron esta pregunta en 1993, como muchas otras veces desde entonces, contesté lo habitual: "Yo soy Sammy Sosa, no Clemente".

Nunca he sido el tipo de persona que se compara con otra, prefiero que me juzguen por mis propios méritos. Roberto Clemente fue y seguirá siendo alguien especial. Sobre todo para nosotros los latinoamericanos. Clemente debe ser venerado por su grandeza dentro y fuera del campo. Yo le honro llevando su número, el 21. ¡Pero en 1993 lo único que estaba tratando de hacer era afirmarme a mí mismo!

Los Cachorros intentábamos construir 1993 sobre los momentos de éxito de 1992. Pero Andre Dawson se había marchado a los Medias Rojas de Boston y el club trató de cubrir su puesto firmando a Willie Wilson. Trabajé con Willie esa primavera. Estaba buscando algún candidato con experiencia que me quisiera ayudar.

Empezamos bien como equipo y jugamos de la única forma que yo sé: a toda marcha. Durante un partido en abril contra los Phillies tiré a pegar a los ochos primeros lanzamientos. Esos batazos produjeron un jonrón de dos carreras, una afuera contra el piso y un sencillo del primer lanzamiento.

Pero tal como sería durante toda la temporada, fueron mis carreras en las bases las que ayudaron al equipo y comenzaron a traerme atención. En ese partido contra los Phillies, íbamos 2–1 a nuestro favor por mi imparable, cuando di un sencillo en la sexta entrada adelantando a mi compañero Derrick May de primera a segunda.

Steve Buechele pegó un toletazo a Mickey Morandini, que era el segunda base de los Phillies pero que más tarde sería compañero mío de equipo. Salí disparado y vi a Morandini fildear la pelota, pero en lugar de otorgar el out, fui por ella.

Engañé con la cabeza y metí la tripa mientras volaba por delante de Mickey, cuyo contacto evité mientras bailaba por el borde de la hierba del cuadrado y corrí a toda velocidad a segunda. Buechele estaba fuera en primera y los Phillies gritaban que yo también estaba fuera porque me había salido del área. Su técnico Jim Fregosi, su pintoresco primera base, John Kruk y Mickey todos gritaban al árbitro de segunda base, Larry Vanover, que mantuvo su opinión. Estaba asegurado.

Mi compatriota José Vizcaíno, que era nuestro paracorto ese año, pegó un sencillo y pronto teníamos 4–1. Ganamos el partido. Los periodistas me preguntaron por ello más tarde y yo les dije: "Fue muy cerca, pero el árbitro vio la jugada". No mentí. El árbitro había visto la jugada.

Poco después empecé a conquistarme a los hinchas. Como el juego con Morandini demostró, yo era un jugador agresivo—igual que soy ahora. Lo que me faltaba era la experiencia que tengo hoy. "Lo único que necesita es disciplina", es como Lefvebre contestó cuando le preguntaron por mí en julio de ese año. "Cuando se calma y se mantiene concentrado puedes ver una mejoría, pero cuando empieza a sentirse bien consigo mismo pierde esa disciplina". Pero no había dudas mi habilidad.

Durante el fin de semana del cuatro de julio, llegamos a Denver para jugar tres partidos con los Rockies. Al empezar el partido del viernes, pegué tres hits consecutivos y estaba tan animado como en cualquier momento de mi carrera. Entonces, ese viernes a la noche en el Coors Field, tuve un partido que nunca olvidaré. Tuve 6 turnos al bate en una victoria nuestra de 11–8. 6 turnos al bate. 6 hits.

Había sesenta y dos mil hinchas en el estadio. En esa sola noche mi promedio saltó 19 puntos de .265 a .284. Fui el primer Cachorro desde 1897 en conseguir 6 hits en un partido de 9 entradas. Y de repente tenía 9 hits seguidos, uno menos que el récord de la Liga Nacional.

Al día siguiente, con el récord a mano, tomé mi turno al bate en la primera entrada con hombres en primera y segunda base. No pegué los dos primeros lanzamientos y mandé hacia afuera los dos siguientes. Curt Leskanic de los Rockies me lanzó una rápida elevada fuera de la zona de bateo. Un lanzamiento que hubiera bateado afanosamente cuando estaba con los Medias Blancas. ¿Recuerdan esos días en que Larry Himes decía que mi zona de bateo iba desde mi gorra hasta los cordones de mis zapatos? No la toqué. Tres bolas, dos afuera. Después mandé afuera cuatro duros lanzamientos antes de que Leskanic me hiciera caminar. El paso llenó las bases para Steve Buechele, que anotó con una elevada de sacrificio.

En la tercera entrada disparé a Dante Bichette a la derecha—mi racha se terminó a un hit de diferencia del récord. Los periódicos dijeron más tarde que había demostrado una nueva madurez, con calidad al bate y caminando. Al terminar del fin de semana me nombraron, por primera vez, Jugador de la Semana de la Liga Nacional. Estaba creciendo. Por fin estaba empezando a hacer las cosas que había soñado.

En un juego apretado contra los Dodgers en Wrigley a principios de agosto, intentábamos mantener la ventaja cuando Brett Butler la botó por el hueco centro izquierda— en aquel entonces yo jugaba de jardinero central. Si la bola me pasaba, los Dodgers apuntaban por lo menos dos carreras y, con la velocidad de Butler en esos días, podrían haber logrado hasta tres—colocándose de nuevo en el partido.

Era el tipo de elevada que resulta difícil para un jardinero—de las que se hunden lejos a gran velocidad. Corrí todo lo que pude, la situé y me extendí todo lo que pude, capturándola justo antes de pegar el suelo. Luego del partido, que ganamos, le preguntaron a Lefebvre qué había pensado de mi recepción: "Sinceramente, nunca he presenciado una recepción tan grandiosa. Cuando la agarró, nos devolvió el ánimo".

Pero lo que más me alegró fue poder compartir mi triunfo con los demás. Y en Chicago, durante el verano de 1993, nadie se alegró tanto por mí como Larry Himes.

Larry Himes:

En mi opinión, la carrera de Sammy despegó en 1993. Eso fue lo que más satisfacción me dio. En ese momento podía decir: "Hombre, este chico tiene madera".

El único tipo que he visto con esa personalidad, con ese

tipo de confianza en sí mismo, es Pete Rose. Jugué con Pete Rose en las ligas menores y Pete es el jugador con más confianza en sí mismo que he conocido en mi vida.

Antes de 1993, Sammy no tenía esa confianza. Pero después de 1993, no importaba si el resultado era 0–4. Al día siguiente salía a jugar y a tratar de vencerte. Por esto fue que 1993 fue el año que más disfruté. Me demostró que este tipo era quién yo pensaba.

Sammy:

En ese momento empecé a disfrutar de la vida un poco más. Comencé a entrar en el reino de las Grandes Ligas, a distinguirme entre los buenos jugadores de las ligas.

A fines de agosto del '93, tenía 27 jonrones y estaba próximo a las 30 bases robadas. Jim Lefebvre había trabajado duro conmigo y yo había continuado.

Cuando le preguntaron por mi progreso y éxito a finales de la temporada del '93, Lefebvre dijo: "Cuando [Sammy] comenzó, tuvo éxito por su talento puro y sencillo, y así lo clasificaron. Es una de esas cosas que se ven en el béisbol; enseguida clasifican. 'Este chico no tiene disciplina'. 'No piensa'. 'Es demasiado agresivo', ese tipo de comentarios".

Al llegar septiembre, tenía muchos deseos de seguir jugando a mi manera —así fue como me di a conocer. Seguía siendo joven y continuaba cometiendo errores, pero el futuro prometía.

El 2 de septiembre, disparé mi jonrón número 30 de la temporada contra los Mets de Nueva York. Luego el 15 de septiembre, en Candlestick Park en San Francisco, robé la base número 30, convirtiéndome en el primer jugador de los

Cachorros en haber logrado la marca de 30/30 que sólo un puñado de jugadores han logrado. De hecho, yo era el décimo jugador de la Liga Nacional en conseguir 30/30 en una temporada. Recuerdo mirar a la cueva y haber visto cómo mis compañeros se levantaron a aplaudirme. Fue una tremenda sensación.

Cuando terminó el partido, agarré esa base robada y me la llevé a Chicago. Todavía la tengo aquí en Santo Domingo. Simboliza el sacrificio y la fe, y también un nuevo comienzo para mí.

Al finalizar la temporada, tenía 33 imparables, 36 bases robadas y 93 carreras impulsadas. Mi promedio de bateo era .261 en 598 turnos al bate, el mayor número de turnos que había tenido en una temporada desde que comencé a jugar pelota profesional. Claro que deseaba que mi promedio fuera más alto. Pero considerando de dónde procedía, mi nueva marca era casi 60 puntos más que los conseguidos en la horrible temporada de 1991.

Pero la marca 30/30 era la que más me enorgullecía porque me situaba entre un grupo selecto de jugadores. ¿Qué otra persona había conseguido 30/30 en una sola temporada? Henry Aaron, Willie Mays, Bobby Bonds y su hijo Barry, que ganó el trofeo al Jugador Más Valioso ese año.

Al final de la temporada, sabía que finalmente me estaban aceptando como un beisbolista completo. Al bajarme del avión que me llevó a casa después de mi mejor temporada, me encontré con una sorpresa, una bellísima sorpresa: todo mi pueblo me estaba esperando.

Una caravana de gente me recibió. Fue algo increíble. En ese momento supe que había alcanzado un nivel distinto de éxito y mi vida estaba cambiando. Hubo numerosos festejos organizados en mi honor y todo el mundo vino a visitarme. Fue algo fantástico.

Le compré otra casa a mi madre. Fue en este momento en el que, por primera vez en nuestras vidas, nos sentíamos seguros económicamente. Empezaba a cosechar los frutos de mi éxito. Firmé un nuevo contrato con los Cachorros por un año por 2.95 millones de dólares.

En ese momento, todo se volvió fácil. Me compré una casa para mí en uno de los mejores barrios de Santo Domingo. Viví en ella hasta el 2000, cuando me mudé a otra, todavía más espectacular. Pero en ese momento de mi vida, mi nueva casa era una bendición, un hogar que podía compartir no sólo con mi hermosa mujer sino con mi madre y con todos mis hermanos y hermanas.

Me aseguré que estuvieran todos bien protegidos. Habíamos llegado tan lejos de donde habíamos empezado. Yo estaba lleno de satisfacción por lo que habíamos logrado. Pero también estaba lleno de motivación, sabía que podía jugar aún mejor. Después de la temporada del '93 y antes del comienzo de la del '94, los Cachorros me invitaron a una fiesta para los hinchas de Chicago que daría comienzo a la siguiente temporada. Y fui.

Larry Himes:

Recuerdo haber ido a esa fiesta, y estar comiéndome una salchicha cuando entró Sammy. Llamaba la atención. Vestía muy llamativo, no con los trajes clásicos que viste ahora, pero estaba a la moda. Me vió al otro lado de la habitación y se acercó. En el cuello llevaba colgado un enorme colgante de oro. Era gigantesco. Decía: "30/30".

Yo le pregunté: "¿Sammy, qué diablos es esto?" Él me sonrió y dijo: "Hermano, 30/30". Algunas personas pensaron que era algo ridículo pero yo no, pensé: "Es más atrevido que

nadie que haya conocido". Hay que tener coraje para ponerse
eso. Pero este hombre no se iba a dejar avergonzar. ¿Qué
mejor manera de motivarse? Portando eso, pensé, va a salir y
a jugar todavía mejor.

Sammy:

Larry tenía razón. Después de 1993, lo único que quería
hacer era salir a jugar y hacerlo todavía mejor.

1994

Al comienzo de la temporada de 1994, se hablaba de mi
carrera profesional en términos elogiosos de nuevo, tal como
se había hecho antes de que me hundiera durante la temporada de 1991. Jerome Holtzman, el decano de los correspon-
sales de pelota, escribió a principios de 1994:

"A los 25, [Sosa] se está convirtiendo en una super estrella.
Esta vez, si Sosa sigue mejorando, (el canje que lo trajo a los
Cachorros) será el mejor negocio en la historia del club de los
Cachorros, lo opuesto al canje de Lou Brock en 1963".

Todo el mundo en Chicago sabía que en 1963 los Cachorros habían canjeado a Lou Brock—un jardinero rápido—a los
Cardenales de San Luis por casi nada. Lo que esperaba a los
Cachorros fueros años de mediocridad mientras Brock conducía a los Cardenales a ganar dos Campeonatos del Mundo
en los sesenta, convirtiéndose en el líder en bases robadas
hasta que su récord fue superado años más tarde. Hoy, Brock
es parte del Salón de la Fama. Ahora mi nombre se comparaba al de él.

Era impresionante lo que un buen año puede hacer por la
carrera de uno. Personalmente, estaba muy orgulloso de lo

que había logrado e intenté explicar a la gente cómo me sentía. El colgante de oro era un ejemplo de ese orgullo porque 30/30 no sólo simbolizaba lo que había logrado en una temporada, pero todo lo que había hecho para llegar hasta allí.

Le comenté a Jerome Holtzman: "Quería que todo el mundo viera el colgante. Soy el primero dominicano (en alcanzar 30/30). Me complace llevarlo. Me recuerda lo que logré". Algunas personas interpretaron el colgante como una señal de arrogancia pero no era eso. Pero significaba simplemente que estaba muy orgulloso de lo lejos que había llegado en mi vida.

A principios de 1994, tomé mi plaza como jardinero derecho después de haber jugado casi todo el '93 en el jardín central. El jardín derecho era donde me sentía más cómodo. Pero mientras me acomodaba, el equipo estaba teniendo dificultades. Tom Rebelhorn era nuestro nuevo gerente, y tuvo unos comienzos difíciles. Nuestro equipo empezó fatal: 0–8 en casa, 3–10 promedio. Al poco tiempo, Larry Himes y los entrenadores se reunieron para ver cómo lo arreglaban. Todo estabámos frustrados. No hay nada peor que perder.

A principios de mayo, habíamos perdido nuestro doceavo partido consecutivo en casa y nos sentíamos tan mal que con todo el equipo nos juntamos después del partido. En ese momento, íbamos 6–8. Doce derrotas seguidas era el mayor numero registrado en la historia de Wrigley Field y de cualquier equipo de los Cachorros en 117 años.

El equipo estaba dispuesto a intentar cualquier cosa para cambiar su fortuna. Cambiaron totalmente la alineación y de repente me pusieron de abridor. Con los mismos resultados que en 1992; no tenía madera de primero al bate.

Las cosas fueron de mal en peor. El club fue calificado de "tóxico" por la prensa. Por mi parte, a finales de junio, estaba camino de conseguir 30/30 de nuevo. Y si mi carrera fuera como el colegio, donde aprendes algo diferente cada año, 1994 sería el año en que aprendería lo que le pasa a un equipo cuando las cosas van muy mal.

Durante la temporada, fui líder de los Cachorros en cada categoría clave ofensiva. Al mismo tiempo, se me creó una reputación, como resultado de la frustración de ese año, que tardaría un par de temporadas en borrar. El comentario "anónimo"de algunos compañeros a la prensa de que yo era un jugador "egoísta". La lacra comenzó ese año. Decían que robaba bases en juegos desequilibrados o que hacía cualquier cosa por inflar mis estadísticas.

Lo dije entonces y lo repito ahora: no soy un jugador egoísta. Lo único que quería hacer era ganar, hacer mi trabajo, ayudar a mi equipo. No insinúo que no cometí errores en mis años jóvenes, pero no por eso soy un jugador egoísta. Después de pasar tanto tiempo en la lista de lesionados en 1992, seguido las temporadas del '93 y '94. No me inventé lesiones. No busqué excusas. Cuando llegaba la hora de jugar, yo estaba listo.

Poco después de que la etiqueta de jugador "egoísta" saliera a la luz, mi gerente habló del tema: "Es el síndrome de intentarlo demasiado. Puedes culpar a los resultados, y esos los tenemos. Pero no puedes culpar su esfuerzo".

Decidí que dejaría que mi trabajo en el campo hablara por mí. Sabía que Wrigley no tenía la exclusiva de los problemas en el béisbol. Nubes de tormenta se juntaban encima de la liga mientras los jugadores se preparaban para una posible huelga en agosto. A finales de julio, estaba bateando cerca de .300 y tenía 24 imparables y 61 carreras impulsadas. En una temporada entera eso me situaría en 40 jonrones y 31 bases robadas, lo que me proporcionaría dos temporadas consecutivas con 30/30.

Larry Himes, que siempre había sido tan decente conmigo, también se lo estaba pasando mal.

Larry Himes:

Después de algún tiempo, me aparté de Sammy en el club porque algunos de los otros jugadores le tenían celos. Y eran los celos más ridículos que he visto. Aquí viene un nuevo jugador al club que es joven y que nunca ha jugado con las mayores. ¿Y los veteranos del juego tienen celos de este jovencito?

Sammy Sosa:

Además de nuestras dificultades en Chicago, la huelga de béisbol comenzó el 12 de agosto cancelando la temporada después de 113 juegos. Terminamos en último lugar en la Liga Nacional Central con un récord de 49–64.

Terminé con un promedio de .300, 25 imparables y 70 carreras impulsadas en una temporada con 49 partidos menos. También robé 22 bases. Estaba empujándome para convertirme en un jugador completo, y a los veinticinco años caminaba en esa dirección. Cuando regresé a Santo Domingo a principios de año, había pasado mucho en 1994. Tenía mucha más experiencia de vida que tenía cuando me fui.

1995

Cuando terminó la huelga antes de la temporada de 1995, había dudas sobre si me marcharía de los Cachorros. Un periódico escribió que me iba a los Medias Rojas de Boston.

Sí, había conversado con los Medias Rojas sobre la posibilidad de jugar allí, pero todo quedó en un callejón sin salida. Fue el resultado de una confusión creada por la huelga de béisbol. Es un poco técnico, pero la cuestión era ésta:

Durante las negociaciones entre los jugadores y los propietarios, estaba la posibilidad de que me consideraran un agente libre. Pero cuando los jugadores y los propietarios llegaron a un acuerdo, no podía—por la cantidad de años que había jugado.

No vale la pena entrar en los detalles porque en última instancia seguía siendo un Cachorro y estaba contento de serlo; y podría postularme para agente libre en 1996. Cuando me preguntaban qué opinaba de mis conversaciones con los Medias Rojas dije lo que sentí: "Me agradaba sentirme deseado, pero ahora me quiero quedar aquí".

A juzgar por todo esto, estaba entrando en otra categoría de jugadores cuando el año 1995 se inició. En dos temporadas—incluida la truncada de 1994—tenía 58 jonrones, 58 bases robadas y 163 carreras impulsadas en 1.024 veces al bate.

Pero también al comenzar 1995, Larry Himes—que tanto me había apoyado a través de los años—se había marchado. Su trabajo fue la víctima de nuestro terrible año en 1994. Por lo mal que me habían ido las cosas con los Medias Blancas cuando Larry se marchó, la gente se preguntaba cómo me iría esta vez.

El *Chicago Tribune* reportó: "[Esto] crea la duda de cómo el talentoso pero a veces descontrolado Sosa bregará con el nuevo régimen". Me sentí mal por Larry, pero no se confundan. Yo iba a demostrar quién era en 1995.

Y afortunadamente los Cachorros, como equipo, empezamos muy distinto al año anterior. Ganamos nuestros tres primeros partidos y yo coloqué un punto de exclamación en nuestro primer partido disparando una bomba imparable que nos situó en un 4–3 victorioso sobre los Expos de Montreal. La prensa decía que era uno de los imparables más largos que recordaban, midiendo 442 pies, aunque algunos pensaron que llegó mucho más lejos.

Ese año teníamos un nuevo gerente, Jim Riggleman, y súbitamente el club tenía de nuevo esperanzas. Tuve el mejor comienzo de toda mi carrera. El 22 de mayo tenía un promedio de .337. Me estaba ajustando en el plato e iniciando pequeños cambios en mi enfoque, todo esto me aportó grandes resultados. En un partido a principios de temporada con los Dodgers, su relevista Felix Rodríguez me ponchó en una situación de presión. Al día siguiente, lo tenía de nuevo enfrente.

Me tocó el turno al final de la decimotercera entrada del partido, que ya duraba dos horas. Estábamos perdiendo por 1–0. Había un hombre en base y Rodríguez estaba intentando poncharme de nuevo. Esta vez aparqué una en el centro del jardín. Y lo que más me enorgullece es que mi jonrón cerró 9.000 victorias en la historia del club de los Cachorros. Ese día logré 3–5 y en la serie 8–13, con dos jonrones.

Y me aproximaba a los hinchas, que me respondían. Empecé a saludar a los hinchas del jardín derecho cada vez que corría hacia allá. La gente comentaba que caminaba dándome aires, que fanfarroneaba. Pero así era yo. Y quería que la hinchada de los Cachorros supiera que los apreciaba y que los escuchaba. Y que significaban mucho para mí. Siempre ha sido así entre los hinchas de Wrigley y yo, les gusta verme jugar y a mí me gusta jugar para ellos.

Los aficionados que prefería eran los niños, los niños que van a los partidos con sus padres y admiran a los jugadores. En 1995, yo tenía dos hijas pequeñas y recordaba cómo me sentía al ver en San Pedro a los jugadores de las Grandes Ligas: George Bell o Julio Franco.

Así que siempre me esforcé por saludar a los niños, firmarles autógrafos, hablar con ellos. Mi madre siempre me decía que no costaba nada abrir tu corazón al público, mostrarles que ellos me importaban. Tenía tanto, que quería devolver algo. Cuando llegamos a mitad de temporada, el público empezó a mencionar mi nombre como posible candidato al Juego de las Estrellas.

Recuerdo en especial un partido en la primera parte de la temporada. El primero de julio, en presencia de 39.652 hinchas en Wrigley—la mayor multitud en todo el año. Estábamos en un forcejeo con nuestros rivales, los Cardenales de San Luis. Luego de un prometedor comienzo—habíamos logrado 9–20 en junio y estábamos dándole la vuelta las cosas—concedimos 4 carreras en el comienzo de la séptima salida, perdiendo por 7–6. Había conectado un imparable de tres carreras al principio del juego que nos puso por delante pero ahora teníamos que reagruparnos, y lo conseguimos.

¿Recuerdan a Rey Sánchez, mi antiguo compañero en Sarasota? Ahora era un Cachorro. De hecho, ya estaba en el club cuando yo llegué a Chicago por primera vez en 1992. Bueno pues, Rey inauguró la séptima con un paseo. Mark Grace pegó un sencillo y llegó mi turno con Rey en posición de anotar. Recibí un lanzamiento bajo hacia afuera y lo disparé a la derecha, anotando Rey la carrera del empate. Mi cuarta impulsada del partido.

Después robé la segunda y anoté de un sencillo de Luis González. Ganamos el juego y la muchedumbre regresó feliz a casa. Y yo también.

Entonces llegó la buena nueva. Me habían seleccionado para participar en el Juego de las Estrellas por primera vez. Felipe Alou, mi compatriota y gerente de los Expos, me había seleccionado de reserva. Significaba tanto para mí estar incluido entre los mejores jugadores de pelota. Y también era gratificante que todo el trabajo que había hecho y los obstáculos que había saltado estaban empezando a dar frutos.

A medida que se aproximaba el día del partido, lideraba la Liga Nacional en impulsadas y tenía un promedio de .289 con 15 jonrones. Estados Unidos todavía no se había acostumbrado a mí—terminé decimosexto en la votación de los hinchas—pero sentía confianza que si continuaba jugando a mi manera, los elogios comenzarían.

¡El partido tendría lugar en Arlington, Texas! El sitio donde empecé mi carrera en las Grandes Ligas. Me emocionaba estar rodeado de esos grande jugadores. Lo pasé estupendamente. Entré al juego en la sexta entrada y al bate en la novena.

Pegué a la izquierda, pero no me importaba. Me sentía muy honrado de estar allí. Y les confieso algo: una vez que juegas un partido de Todas las Estrella, quieres regresar. Esa era mi nueva meta.

Así como llegar a los juegos de la postemporada. Teníamos una posibilidad de conseguir un puesto ese año y estábamos haciendo todo lo posible para ganar. Pero empezamos mal en la segunda mitad, perdiendo 8 de 9 partidos. Luego, en un vuelo chárter yo estaba tratando de aligerar las cosas, bromeando con mis compañeros en el avión. Algunos de mis comentarios se mal interpretaron y tuve que pedir perdón más tarde.

Sólo estaba tratando de que la gente se distendiera. En la República Dominicana, cuando las cosas van mal, tratamos de ver el lado bueno de las cosas, reírnos de todo. Pero Jim Riggleman me habló de ello, y considerando nuestra derrota, no había sido el momento adecuado.

Supongo que seguía aprendiendo. Pero me estaba tomando estas lecciones muy en serio. A medida que se aproximaba la fecha de los canjes el 31 de julio, había rumores de que me iban a enviar a los Orioles de Baltimore.

En ese momento, yo era el jugador mejor pagado del equipo—ganaba 4.3 millones de dólares. Ed Lynch era entonces el gerente general y negó que estuviera hablando seriamente con los Orioles. ¿Qué hice yo? Sencillamente seguí jugando. Sé desde hace tiempo que hay dos realidades en el béisbol: lo que ocurre en el campo y lo que sucede fuera del campo. A finales de julio, había probado mi compromiso jugando 116 paridos consecutivos. En agosto, el *Chicago Tribune* escribió:

"Tal como le va a Sammy, se va de los Cachorros".

A lo que se referían era a mi temporada hasta el momento. En los primeros 33 partidos de la temporada, con un promedio de .326 y 10 jonrones, los Cachorros iban 21–12. En los próximo 64, cuando me hundí a .240 y 9 imparables, íbamos 28–36. Tenía veintiseis años y tenía mucha más responsabilidad que nunca. La gente me buscaba por primera vez. Y con todo trabajé para llevar mi juego al próximo nivel. A mitad de agosto, logré 6–15 y empezamos a ganar de nuevo. Continué pegando durante ese mes logrando un promedio de .349 en 12 partidos, incluyendo más momentos importantes para mí en Denver.

En tres juegos consecutivos, pegué 3 imparables, 1 de 433 pies, otro de 453 pies y, el más largo, de 458 pies. El 20 de agosto, era segundo en la Liga Nacional en carreras impulsadas. Cuando los reporteros me preguntaron qué sentía al jugar en Coors Field, les contesté: "Es un buen parque para batear".

De repente estábamos de nuevo en la competencia: 2½ detrás de los Astros de Houston. Entonces conseguí un juego con 2 imparables cuando machacábamos a Florida por 10–2. El 24 de agosto disparé mi séptimo vuelacercas en 7 juegos. 7 jonrones en 22 turnos al bate. 4 era jonrones de 3 carreras. Mi racha superó la lograda por Ryne Sandberg en 1990, cuando logró 7 jonrones en 9 partidos.

Y entonces los poderosos Bravos de Atlanta llegaron a Wrigley para disputar el cuarto y crucial juego de la serie. Nuestras posibilidades de la postemporada colgaban de un hilo, lo mismo le sucedía a otros equipos. Los Bravos dominaban, habían ganado los tres primero juegos. Logré un hit en 10 turnos al bate, ponchando 6 veces. Las cosas estaban mal pero rehusé bajar la guardia.

En el cuarto juego, coloqué 2 jonrones y ganamos por 7–5, salvando el partido y manteniéndonos las posibilidades. Los jonrones eran mis número 28 y 29 de la temporada. Y logré un récord en mi carrera con 95 impulsadas.

De mi juego el *Chicago Tribune* dijo: "Sosa parece haber hecho callar a algunos de sus críticos que sugerían que la mayoría de sus imparables llegaban en los partidos en que los Cachorros llevaban la delantera o estaban muy atrás". Entonces a principios de septiembre, tuvimos el juego de revancha contra los Bravos, esta vez en Atlanta. Cuarenta y nueve mil espectadores se agolpaban en el Fulton County Stadium y presenciaron cómo disparé 2 imparables e impulsé 4 carreras en una victoria de 6–4. Era nuestra quinta victoria en 6 partidos y por primera vez en mi carrera, había superado la marca de 100 impulsadas. También por primera vez se mencionaba mi nombre como posible candidato al título del Jugador Más Valioso.

Pero desgraciadamente no pasamos a la postemporada. Batallamos y luchamos agarrándonos a nuestro sueño hasta el penúltimo día de la temporada, cuando perdimos tristemente contra Houston 9–8 en Wrigley.

En la novena salida, pegué un batazo hacia la pared que podría habernos dado la victoria, pero no fue así. De todas formas, mantuvimos la cabeza erguida como equipo porque nadie esperaba que pudiéramos dar pelea. Personalmente fue el mejor año de mi carrera.

Jugué todos los 144 partidos de la temporada, liderando la liga en partidos jugados. [Nota del Editor: Los aficionados al béisbol recordarán que la temporada de 1995 empezó tres semanas tarde, por eso la temporada completa tenía 144 partidos.] Conseguí un 30/30 por segunda vez. Tuve un promedio al bate de .268 con 36 jonrones y 119 impulsadas.

Dos veces en agosto fui elegido Jugador de la Liga Nacional de la Semana, la primera vez que un Cachorro lo había logrado dos veces en una temporada. También me adjudicaron el Bat de Plata y fui elegido para el equipo de Todas las Estrellas del *Sporting News*.

Cuando llegué a casa ese año me sentía muy orgulloso. Me había consolidado y ahora tenía la vista puesta en otra meta: Convertirme en una de las figuras de este deporte.

10

1996 y 1997
A Punto De

Había ciertas dudas sobre si regresaría a los Cachorros después de la temporada de 1995. Pero yo quería regresar y eso hice.

En enero de 1996, firmé un contrato por tres años por 16 millones de dólares que aumentaría mi salario a casi 5.3 millones de dólares anuales. Quería firmar por más años pero desde la huelga los equipos eran más estrictos a la hora de conceder contratos por muchos años. O por lo menos así era en enero de 1996. Así que los Cachorros y yo llegamos a un arreglo: yo aceptaría menos años de los que deseaba, pero a cambio me permitirían probar el mercado de los agentes libres después de la temporada de 1997. El equipo había firmado un acuerdo parecido con Mark Grace. Así hicimos y me quedaba en Wrigley.

Todavía me parece increíble cuando lo pienso. Con mis amigos y con mi familia todo seguía igual, compartíamos nuestras vidas como antes. Hasta el día de hoy, mis hermanos y hermanas a menudo viven conmigo. Mi madre nos visita frecuentemente y se queda con nosotros. Todas los días de Navidad y Año Nuevo los pasamos en su casa, como hemos hecho siempre. No me mal interpreten, no es que no disfrute de las ventajas de ser un jugador de las Grandes Ligas. Eso sería una mentira. Pero la esencia de mi vida, las personas con las que paso el tiempo, los amigos que tengo, el tiempo con mi familia, siguen casi iguales que cuando era un muchacho. Excepto que ahora comemos mucho mejor.

En la primavera de 1996, mi familia viajaba conmigo frecuentemente a Estados Unidos. La soledad y el aislamiento de los primeros años eran cosas del pasado. Por estos motivos aguardaba el año 1996 con optimismo. Había saboreado lo que era ser líder del equipo y comprobar que la suerte de mis compañeros dependía bastante de mí.

Estaba impaciente por lanzarme porque si lo hacía, sabía que los Cachorros tendrían más posibilidades de ganar. Y no se confunda, lo que más anhelo es ganar. Eso es lo que sentía por dentro aunque tardaría algún tiempo en trasladar ese mensaje a los demás.

Después de luchar un poco durante las dos primeras semanas, encarrilé las cosas de la forma que el público admira y recuerda: disparando portentosos jonrones. Recuerdo en especial un juego contra los Rojos de Cincinnati. Era el 17 de abril, un día frío en Chicago como sucede a veces en primavera. Sólo había 13.023 hinchas pero disfrutaron un juego de 10 entradas que ganamos 8–6 cuando largué una imparable en dirección a la Avenida Waveland.

El *Tribune* escribió: "[Sosa pegó] en la décima salida un golpe que no empezó a descender hasta que el controlador aéreo no se lo permitió". Ese día, conecté mi tercero y cuarto jonrón de la temporada y anoté 4 impulsadas. Pero tuve dificultades a principios de ese año. A principios de mayo mi promedio había descendido a .200. Quizás estaba forzándome demasiado. Pero estas cosas ocurren en el béisbol y la experiencia me ha enseñado que hay que seguir luchando. El 5 de mayo en Wrigley, estaba pegando así, sin más, y el resultado fue un jonrón de 450 pies de largo que llegó a Waveland y nos dio la victoria al final de la novena.

Los periódicos contaron que yo saltaba alrededor de las bases como un niño en Navidades y así fue—nunca me he avergonzado de demostrar mis sentimientos. Adoro este juego. Y aunque comencé a jugar para poder ayudar a mi madre, en algún momento se metió dentro mío, y no me avergüenzo de demostrarle mi afecto.

Estaba contento porque habíamos ganado y porque yo acababa de pasar por un bache—en un momento dado había llegado a tener 0 por 18 turnos. Todos los días trabajaba con Billy Williams, que era nuestro entrenador de bateo. Estudiaba las cintas de vídeo, pasaba más tiempo en la jaula de bateo, pegaba lejos de la marca y analizaba mi postura de bateo y mi selección de lanzamiento.

Todos los beisbolistas saben a qué me refiero porque todos tienen momentos difíciles. La clave de ser un profesional es mantenerse positivo y no hundirse. Gracias a mi madre siempre he podido hacer eso. Gracias a Dios a mitad de mayo los jonrones se empezaron a amontonar. El 24 de mayo ya tenía 15. También conseguí 35 impulsadas, 35 carreras producidas y 100 bases—marcas que me situaban entre las cabezas de la liga en todas las categorías.

¿Recuerdan lo delgado que era de pequeño, de candidato y de novato? Bien, pues todos estos años había estado ejercitando mi cuerpo. Levantaba pesas y me cuidaba y entrenaba duro. Cada año que pasaba me desarrollaba mucho más físicamente. Aplicando la ética del trabajo que me había enseñado mi madre, me entrenaba todo el invierno seguido, especialmente los brazos y el pecho. Como dije antes, estoy constantemente en el gimnasio de mi casa, levantando pesas y haciendo ejercicio.

Como en 1995, en 1996 mis esfuerzos estaban siendo recompensandos ampliamente. A mediados de junio empezaba a capturar la atención de la liga. "Sammy Sosa es ahora mismo un jugador de cinco puntos", decía Tom Lasorda, el entonces técnico de Los Dodgers de Los Angeles. "¿Saben cuántos jugadores de cinco puntos hay en las Grandes Ligas? No muchos. Un jugador de cinco puntos tiene que pegar con fuerza, pegar con promedio y tener una notable velocidad, un brazo extraordinario y ser muy buen defensa".

Yo seguía trabajando en mi promedio y estaba avanzando bastante. Como dije antes, Billy Williams y yo trabajábamos juntos muy duro. Cuando hablaba de mi promedio, que en aquel entonces era .256 por vida, Billy decía: "Sammy, estás mejorando. Estás aprendiendo como lanzarla desde afuera hacia el centro derecho. Sólo eso, te puede dar 30 puntos". La parte de afuera, el centro derecho del plato. Recuerden eso. Será un detalle importante más adelante.

En todo caso, el 20 de junio encabezaba la Liga Nacional con 23 jonrones, y era uno de los líderes de la liga en impulsadas con 553. La gente predecía que durante toda la temporada pegaría 52 y anotaría 119 impulsadas si mantenía ese ritmo.

Yo sabía que podía, porque durante toda mi carrera pegaba mejor en julio, agosto y setiembre. En junio le preguntaron a Tony Muser, el entrenador de los Cachorros, por mí y él contestó: "Sammy es tan intenso y agresivo que cuando comienza el juego, no le importa quién batea detrás de él. Llevo observándole cuatro años y estoy convencido que tiene posibilidades de convertirse en el mejor jugador de pelota de todos los tiempos".

Tenía razón. A mediados de la temporada de 1996 todo me estaba saliendo bien. Seguía siendo cabeza de liga en jonrones y estaba entre los primeros de la liga en impulsadas. A principio de julio empecé el que resultaría ser el mejor mes de toda mi carrera. Al terminar julio, fui elegido el Jugador del Mes de la Liga Nacional, la primera vez que había logrado ese honor.

Ese mes logré un promedio de .358 en 26 partidos, con 22 carreras, 10 jonrones y 29 impulsadas. A partir del 11 de junio y hasta el 18 de julio, conseguiría ganar 3 juegos consecutivos de 10 entradas. En otras palabras, durante esas cinco semanas conseguí hits en cada partido que jugué, a excepción de los del 21 de junio y 4 de julio.

Cincuenta jonrones era una meta realista. Y sin embargo, por algún motivo, me excluyeron del equipo de Todas las Estrellas. Cuando me lo comunicaron, no lo podía creer. Pero no grité ni lancé objetos por el club. Cuando los reporteros me preguntaron por ello, no ataqué a nadie y no levanté la voz. Pero, ¿estaba decepcionado? Sí, muchísimo.

Bobby Cox, el gerente de los Bravos de Atlanta, había tomado la decisión. Pero siempre he dicho, que yo me consideraba un Todo Estrella aunque Cox no me hubiera elegido para el equipo. En mi opinión yo era un *All Star*. Y creo que mi forma de jugar le demostró que se había equivocado. Estaba jugando bien. Tenía las marcas de un Jugador Estrella. Pero no me seleccionó. Aunque los hinchas no me hubiesen elegido, me merecía un puesto de reservista. Creo que debe ser la primera vez que una cabeza de liga en jonrones no fuera seleccionado para el equipo. Y si no fui el primero, estoy convencido que soy de los pocos jonroneros menospreciados.

Efectivamente me sentí herido, porque sentía que me merecía estar en el equipo. Siempre he encontrado muchos obstáculos en mi vida, situaciones complicadas. Siempre había superado esos obstáculos y una vez que se me pasó el disgusto pensé que el desaire del Juego de las Estrellas era otro obstáculo por saltar.

Cargado con esa motivación, poco después del partido del Juego de las Estrellas, logré la mejor semana de la temporada. Del 22 al 28 de julio tuve un promedio de bateo de .400

(12 en 30) con 2 dobles, 4 imparables, 9 carreras y 10 impulsadas. De nuevo me proclamaron el Mejor Jugador de la Semana de la Liga Nacional.

Desgraciadamente, en el campo de juego, al equipo no le iba bien. A mitad de julio, cuando pasé el récord de 30 jonrones por tercera vez, algo que no había logrado un Cachorro desde 1960 durante la época de Ernie Banks y Ron Santo, no me importaba. No me sentía feliz. Estábamos perdiendo. La gente empezó a decir que podía desafiar el récord del gran Cachorro Hank Wilson, de 56 jonrones en una temporada. Pero no significaba nada para mí.

Gracias a Dios los hinchas de Wrigley continuaban apoyándonos y apoyándome. Fue en 1996 que mis amigos en las gradas empezaron a saludarme cada vez que conseguía un jonrón o hacía un buen juego. Pero, como dije anteriormente, en esos años estaba pasando por un proceso: el de convertirme en un jugador completo.

Jim Riggleman llevaba poco tiempo con nosotros de técnico cuando habló de las críticas que yo estaba sufriendo y que no habían desaparecido del todo. "Me comentan que [Sosa] nunca pega y que corre demasiado precipitado por las bases", dijo Riggleman. "Bien, yo nunca lo he visto. Seguro, comete errores. Pero parece que hay una crítica generalizada de él. No entiendo por qué. La gente me empieza a preguntar que por qué no se le ponen a la misma altura que Barry Bonds y Ken Giffey. Creo que está en camino. Pienso que le ha llegado su hora. Es uno de los mejores".

Aunque la prensa me criticaba durante esos años, aquellos que efectuaban la crítica raramente la rubricaban. Siempre eran críticos anónimos. Pero no soy un ser envidioso y no guardo rencor en mi corazón. Me dedico a jugar.

Y eso fue lo que hice en 1996. Y me sentía orgulloso por la forma en que lo hacía. El 19 de julio había jugado 274 partidos consecutivos. Mientras tanto, en Chicago, mi nombre seguía unido al de Hack Wilson. La gente continuaba preguntándome si podía romper su récord con los Cachorros de 56 jonrones en la temporada de 1930. Contestaba siempre lo mismo: "Nunca vi jugar a Hack Wilson así que ¿cómo puedo hablar de él?"

Pero su nombre continuaba saliendo a colación especialmente cuando alcancé mis 40 jonrones quedando más de seis semanas en la temporada. Me sentía más seguro que nunca cuando el 20 de agosto nos disponíamos a jugar contra los Marlins de Florida en Wrigley. Durante 62 juegos hasta ese día, había bateado .310 con 20 imparables y 54 carreras impulsadas. Cuando salí disparado al jardín derecho, estaba jugando mi 304 partido consecutivo. E inmediatamente, las cosas mejoraron.

Me tocó mi turno con las bases cargadas, enfrentándome a Mark Hutton de los Marlins. Hundiéndome en el piso tuve que salir disparado porque Hutton me lanzó muy ajustado. Me pegó en la mano derecha. Me situé en primera base y continué en juego. Pero la mano se me empezó a hinchar hasta que finalmente tuve que sentarme en la quinta. Al principio pensamos que era un moretón pero el dolor se volvía más intenso.

Aunque casi no pude dormir del dolor, tenía la intención de jugar al día siguiente. Hasta que nuestro entrenador, John Fierro, me dio la mala noticia: Las radiografías mostraban que el lanzamiento de Hutton me había fracturado el hueso pisiforme de la mano. Me tendrían que operar para reparar el daño. Faltando seis semanas y 38 partidos en la temporada, mi año había llegado a su fin.

Terminé con un promedio de bateo de .273, 40 vuelacercas y 100 carreras impulsadas. Muchas personas se preguntan cómo habrían podido ser esas marcas de haber jugado la temporada entera. ¿Quizás 50 jonrones? ¿55? Nunca lo sabremos. Aunque estaba profundamente decepcionado, traté de ver el lado positivo y de apoyar a mis compañeros. Sobre todo, me dolió no poder jugar con ellos. Me tomaba mis responsabilidades con el equipo, muy en serio. Y como jugador, nada es peor que no poder jugar, no estar ahí para tus compañeros. Es una terrible sensación.

Jim Riggleman dijo lo siguiente unas semanas después de mi lesión: "Hemos jugado un promedio de .500. Y la única razón por la que hemos logrado jugar .500 es porque Sammy Sosa nos condujo en abril y mayo. Por eso somos aceptables".

Los Cachorros terminarían en el cuarto puesto de la Liga Nacional Central con un récord de 76–86. Mientras tanto, yo empezaría el proceso de rehabilitación de mi mano. No permití que las oportunidades perdidas en el '96 me deprimieran. Sabía que para acercarme a mi meta de convertirme en un jugador de elite, tenía que seguir luchando. Era cuestión de tiempo.

1997

Todo el mundo siguen hablándome de 1998, y de todas las cosas fantásticas que me ocurrieron ese año. Fue una temporada mágica no sólo para mí, sino para Chicago y el mundo del béisbol. Pero sé en mi corazón que los cimientos de 1998, la base de todas esas gratas memorias se prepararon durante el año anterior, en 1997. Antes de tener un batallón de periodistas siguiéndome a todas partes, antes de que mi amigo Mark McGwire supiera quién era yo, mi carrera de beisbolista estaba en una encrucijada.

Antes de finalizar 1997, experimentaría momentos de ansiedad, examinaría quién era yo cómo jugador y aprendería cosas de mí mismo que desconocía.

Viviría una temporada llena de negatividad en un equipo que luchaba y me enfrentaría con esa negatividad como jugador. No me mal interpreten, ocurrieron algunas cosas importantes en el '97, algunas superaron mis más alocados sueños. Pero aparte de mis queridos seguidores en Wrigley, y mi familia claro está, mi historia tuvo lugar lejos del fulgor de la notoriedad nacional. Por eso muchos de mis admiradores y las personas dentro y fuera del béisbol se sorprendieron cuando irrumpí en escena en el '98. Cuando lo hice, parecía que todos se preguntaban: ¿De dónde viene Sammy Sosa? En 1997, buscaba respuestas a mis propias preguntas. Esas preguntas iban directamente a la esencia de mi carrera en el béisbol, mi postura ante el juego.

En última instancia, todas las pequeñas preguntas conducían a la grande: ¿Quién era Sammy Sosa como jugador? Encontrar la respuesta exigía confianza y fe, en mí mismo y en los demás. Eso no sería fácil.

El año empezó no hablando de béisbol sino de dinero y salarios. Todos sabían que podía probar, si quería, el mercado de agentes libres después de la temporada del '97. Estaba en mi contrato. Ese hecho estaba en el aire cuando, al otro lado de la ciudad, los Medias Blancas de Chicago ficharon a Albert Belle con un contrato de 50 millones de dólares en cinco años poco después de terminar la temporada de 1996.

Luego en la primavera del '97, los Marlins de Florida firmaron con Gary Sheffield un contrato de seis años por 61 millones de dólares. Gary y yo tenemos casi la misma edad, él tiene seis meses menos que yo. Los dos habíamos irrumpido en las ligas mayores casi al mismo tiempo. Y en 1996, había tenido un buen año con 42 jonrones y 120 carreras impulsadas.

Debido a los 40 imparables que conseguí en una sola temporada que se había truncado por mi lesión, la gente empezó a especular sobre el tipo de contrato que firmaría. Pero en realidad, mis metas eran más modestas. De hecho, esa primavera habría estado de acuerdo con firmar un contrato de cuatro años por 36 millones de dólares. Pero no pasó nada porque los Cachorros querían esperar hasta que terminara la temporada antes de resolver mi contrato. Antes de empezar la temporada un periodista me preguntó qué haría en 1997 considerando que podría haber disparado más de 50 jonrones hasta que me lesioné en agosto del '96. ¿Podría pegar 50 en el '97? "Por qué no", le contesté. Y me preparé para jugar.

Antes de iniciarse la temporada había sentido lo que era perder. Sabía que estaba en un equipo con dificultades. Pero nada preparó a mis compañeros ni a mí para las primeras semanas de la temporada de 1997. No hay otra forma de decirlo: 0–14. Establecimos un nuevo récord en la Liga Nacional en derrotas consecutivas al comienzo de la temporada. Jugábamos como el mes de abril que estaba sufriendo ese año la ciudad de Chicago, extremadamente frío. Los hinchas trajeron pancartas que decían: "Terminen con la maldición". Tuvimos muchísimas reuniones de equipo. Fue terrible.

Por mi parte empecé lento, como es costumbre; estaba buscando algo por donde fuera. Un día los Cachorros me hablaron de un grupo en East Moline, Illinois, de 39 chiquillos y sus tutores que querían ver un partido de los Cachorros pero no tenían dinero. Éste sería el primer partido de las ligas mayores que presenciarían estos jóvenes que estaban aprendiendo sobre la autoestima y la importancia de los estudios.

Cuando escuché esto tuve la satisfacción de invitarlos al juego como invitados míos. Como dije antes, adoro a los niños. Me hace feliz verles en el campo de béisbol. Y ese pequeño detalle por mi parte no era nada considerando lo que significaba para estos chiquillos. A veces tengo que retroceder y ver mi vida en perspectiva. No hacía mucho que yo había estado limpiando zapatos y luchando como esos muchachos por encontrar mi camino. ¿Cómo podía olvidar la amabilidad de Bill Chase cuando de chiquillo luchaba a diario? Él me compró mi primer guante. Que yo invitara a estos chicos a ver su primer partido de pelota era tan sólo un pequeño detalle.

Además, era lo único positivo en un período en el que nada era muy positivo en Wrigley. De abril a mayo continuábamos perdiendo y el público empezó a hacer la misma pregunta constantemente: "¿Sammy, cuándo vas a firmar tu contrato?" "¿No te deberían pagar lo mismo que Sheffield y algunas de las otras figuras?" "¿Estás molesto con los Cachorros por que no te han hecho una oferta? " La verdad es que no quería hablar de nada de eso. Quería ganar y jugar como sabía que podía, pero ninguna de estas cosas sucedía. Mientras tanto, los periódicos empezaron a escribir muchos artículos preguntándose si los Cachorros me iban a contratar. Se especulaba con que los Cachorros me dejarían marchar. Lo único que podía hacer era seguir jugando.

Y finalmente, a mitad de mayo, salí del bache. En 6 juegos, del 11 al 18 de mayo, pegué un promedio de .348 consiguiendo 4 jonrones, 2 triples y 12 impulsadas. En uno de esos partidos contra los Padres de San Diego, di 4 batazos en 4 turnos con 6 impulsadas, un récord en mi carrera. El 18 de mayo, disparé un vuelacercas contra Shawn Estes—quién conseguiría ganar 19 juegos para los Gigantes de San Francisco esa temporada. Y, por quinta vez en mi carrera, me nombraron Jugador del Mes de la Liga Nacional. El 26 de mayo, en Pittsburgh, disparé el primer jonrón de mi carrera dentro del campo. Y en junio seguía bateando bien.

A medida que transcurrió el mes, las dudas sobre mi futuro en Chicago se intensificaron. Y el 27 de junio, sucedió. Los Cachorros me hicieron una oferta y la acepté.

Me convertiría en el tercer jugador mejor pagado del béisbol, en ese momento, detrás solamente de Barry Bonds y Albert Belle. Mi agente, Adam Katz había negociado un contrato de 4 años por 42.5 millones de dólares, con una prima de 4 millones.

Resulta gracioso, porque en primavera había pedido 36 millones de dólares y habían decidido esperar. Y luego terminó firmando por 42 millones de dólares. Más tarde me enteraría de que el presidente del equipo, Andy McPhail, había preguntado a algunos miembros del equipo si deberían ofrecerme un contrato y algunos habían dicho que no, que yo no merecía ese dinero.

Pienso que había gente en el equipo que no querían que los Cachorros me contrataran pero McPhail no les hizo caso. Me dijo que quería construir el equipo a mi alrededor. Me sentí muy afortunado no sólo por firmar el contrato sino por la fe que tenían en mí los directivos del equipo.

Pero las dudas sobre si yo me merecía el contrato no se limitaban a algunos miembros de mi organización. Muchos reporteros deportivos criticaron el acuerdo diciendo que yo no me lo merecía. La mayor crítica era que mientras yo lograba buenas marcas, mi equipo se tambaleaba. Un artículo del *Chicago Tribune* decía: "Algunos seguidores de los Cachorros se quejan de que Sosa no batea bien cuando es importante. Sosa ha pegado .209 con jugadores en posición de anotar".

Me propuse demostrarles que sí me merecía el contrato. Jugaba en cada partido, no me perdía ninguno. Tenía un promedio de un jonrón cada 17,8 veces al bate en la liga, lo que me situaba entre los líderes.

Antes de acabar el año, con veintiocho años, dispararía el jonrón número 200 de mi carrera. Pero la situación todavía era negativa. Estábamos perdiendo, íbamos camino de lograr 94 derrotas, el peor récord en la Liga Nacional. Una distinción que compartíamos con los Phillies de Philadelphia. Eran tiempos difíciles en los que nuestras derrotas y ponches llamaban más la atención que otra cosa.

En medio de todo esto, los Cachorros trataban de encontrar las soluciones que podían. Una fue contratar un nuevo entrenador de bateo y traerlo a mitad de la temporada. Se llamaba, Jeff Pentland y venía de los Mets de Nueva York. Había entrenado a los Marlins de Florida, donde Gary Sheffield había sido uno de sus principales alumnos. También había trabajado con Barry Bonds. Yo no conocía bien a Jeff. Pero había trabajado con muchos entrenadores de bateo y muchos técnicos en mi carrera.

Como dijo Larry Himes, muchas cosas que sabía sobre el bateo las había aprendido yo mismo y prefería un enfoque agresivo. Ese enfoque era el que me había llevado a las mayores, conseguido marcas y hecho rico. Pero en ese momento de la temporada nada de esto tenía importancia.

Dentro mío ansiaba más. Pese a que había sido tan pobre y ahora tan rico, no podía sentirme satisfecho, ni cómodo. Dentro mío tenía un deseo de ser le mejor, de destacarme cada vez que jugaba. La razón por la que jugaba cada partido, por la que no me quería quedar sentado era que cuando llegaba la hora de jugar no había nadie más entusiasta que yo.

A pesar de lo mal que le iba al equipo en 1997, me desesperaba por llegar al campo y jugar. Pero cada paso que dábamos ese año era frustrante. Y a pesar del aumento en el número de mis jonrones y bases robadas, el nivel de negatividad hacia mí iba en aumento.

Ese año estaba experimentando con distintas posturas al bate y aproximaciones al plato. Mientras tanto, el nuevo entrenador de bateo y yo nos íbamos conociendo.

Jeff Pentland:

Empecé a percatarme de que Sammy tenía mucho más talento del que pensaba cuando estaba en Florida. Eso me animaba bastante como entrenador. Pero fue una temporada desastrosa y no sabíamos atacar, creo que nuestro promedio era de 9 hits por juego y una carrera, a menos que Sammy disparara un jonrón.

No teníamos mucho poder. Sammy sí tenía poder cuando jugabas en contra de él, como les había sucedido a mis equipos, siempre tenías la sensación de que si lanzabas la pelota a sus zonas calientes podía hacer estragos. Pero tenía muchos agujeros en su bateo. Podías conseguir que persiguiera la pelota si elevabas los lanzamientos. Su disciplina en el plato no era la debida.

Cuando lo veías desde afuera, reconocías que tenía poder y que cuando pegaba nadie pegaba tan fuerte como él. Pero sentías que estaba descontrolado. Los grandes bateadores pueden pegar consistentemente, y reconocer y entender lanzamientos mejor que el jugador medio. En esa época, Sammy no estaba haciendo eso de una forma consistente. Cuando llegué a Chicago en 1997, de entrada no hice nada con Sammy. No tenía ninguna prisa. Intentaba entender lo que hacía y comprender a dónde podía llegar.

Lo que comprendí cuando empecé a quebrarlo fue que era una persona especial. Las dos cosas que se destacaban eran su actitud y su agresividad. Era una de las personas más agresivas que he conocido. Como entrenador siempre he pensado que un jugador cuanto más agresivo mejor porque tu labor de profesor es controlar esa agresividad y volverla productiva. En ese momento Sammy era agresivo y no tenía control.

Esa agresividad carecía de dirección y de control. Los errores en su bateo eran fuera del plato, podías conseguir que persiguiera las pelotas. Y no creo que su facultad de observación fuera clara en ese momento. En otras palabras, le faltaba habilidad para interpretar los lanzamientos, algo que pienso es muy importante. Evidentemente, los que lo hacen mejor son los mejores bateadores de este deporte: Barry Bonds, Gary Sheffield y Jeff Bagwell. Estos tienen una tremenda habilidad para leer lanzamientos cuando van a batear.

Al principio traté de que Sammy confiara en mí, lo cual no fue fácil. Eso era debido a que en su carrera había pasado por muchos entrenadores de bateo. No lo culpo por ser suspicaz conmigo. Además, yo no tenía experiencia de jugador en las Grandes Ligas y me iba a tomar algún tiempo. Pero iba todos los días y demostraba constancia en querer ser su entrenador de bate. Quería tener afinidad con él. Así que mantuve mi actitud testaruda y estaba a su alrededor todo el tiempo.

Lo que noté de Sammy es que era muy, muy emocional. Y traté de comprender lo que le afectaba, entender al hombre porque estaba pasando por un mal momento. El club era terrible. Algunos de sus compañeros hablaban mal de él. Había temporadas que tenía problemas con el mánager y con la directiva en general. Acababa de conseguir un enorme contrato. Y terminamos con un tipo que se sentía muy infeliz, a pesar de que era uno de los jugadores más ricos de béisbol.

Evidentemente, estábamos perdiendo y siempre vas a culpar al tipo que gana más dinero. Y desde luego, los que ganaban mucho menos que Sammy lo miraban mal. Por todo esto Sammy se sentía muy desgraciado en el '97, y en realidad no tenía ningún motivo para sentirse así. Pero creo que lo que se esperaba de él empezó a desgastarlo. El resultado fue, que hasta cierto punto, intentó ser Sammy Sosa por él mismo.

Pero no creo que su personalidad le permitiera hacer eso. Y cuando tratas de ser alguien que no eres, te sientes infeliz. Él no podía vivir de esa forma. Necesitaba el respeto de sus compañeros de equipo, necesitaba el respeto de la prensa y, más que nada, precisaba el respeto de su país.

Sammy:

Fue duro. Nunca he estado en un equipo tan pesimista. Por mi parte, mis marcas eran inferiores a las del año anterior. A mediados de septiembre, tenía 33 jonrones. El 20 de agosto del año anterior ya tenía 40. Cuando la gente me preguntaba qué opinaba de este año les decía la verdad: "Podría haber jugado mejor".

Entonces, en él último fin de semana de la temporada en San Luis nuestra horrible temporada llegó a su negativo final. Estaba intentando robar una base y Jim Riggleman no quería que lo hiciera. No era un problema personal, era un problema entre un jugador y su técnico. Esas cosas pasan a veces. Pero el problema fue que me reprobó delante de los otros jugadores. Le dije que si tenía un problema que hablara conmigo a solas, y no delante de los otros jugadores.

Yo respetaba mucho a Jim Riggleman. Quiero decir, cometo errores, como cualquier ser humano, pero cuando eso pasa debes hablar aparte con esa persona a solas, no hacerlo delante de todo el equipo. Lo que me dijo era que era un jugador egoísta, que solo pensaba en mí.

Yo le dije: "No. Nunca he hecho eso. Y si me va a interrogar de esta manera, pregunte también a los demás. Jugué 62 partidos ese año. Jugué duro. Nunca fui al campo y dije que tenía dolores o que estaba lesionado. Nunca". Siempre estaba allí, siempre estaba dispuesto.

Fue un enfrentamiento duro, y porque tuvo lugar delante de mis compañeros me avergonzó profundamente.

La temporada había terminado y casi al final había tenido una charla con Jeff. Él estaba intentando de que cambiara mi forma de batear. Y antes de que me marchara a República Dominicana me había preparado unas cintas para que estudiara la forma de pegar de otros jugadores. Quería que empezara a trabajar en ello la siguiente primavera. Regresé a casa ese octubre con mucho en la cabeza.

Jeff Pentland:

No me había establecido como técnico de bate hasta casi el final de la temporada. Entonces me acerqué a Sammy y le dije: "Sammy, tus marcas son buenas, pero ¿cuándo vas a estar listo para jugar a un nivel más alto de juego? Lo traté verdaderamente de retar. Creo que no sabía más que pegar contra las barreras. Batear es como abrir una flor. Cuando los pétalos la cubren no puedes apreciar lo bella que puede ser. Lo que traté de que Sammy entendiera era que pegar también implica fineza y dulzura.

Hasta ese momento la forma de jugar de Sammy le habían proporcionado mucho dinero. Pero tenía la impresión de que Sammy quería algo más. Traté de venderle la idea desde otro punto de vista, enseñarle a ir contra sus instintos, enseñarle que no tenía que matar la pelota o tirarla fuera del campo. Acordamos que cuando llegara el entrenamiento de primavera, empezaríamos a trabajar juntos.

11

1998

Lo más divertido de 1998, el año del que todavía sigue hablando la gente, fue que durante el entrenamiento de primavera de ese año, Jeff Pentland y yo nos reuníamos a diario para hablar de cómo batear. Habíamos fijado muchas metas para ese año pero nunca pensamos que pudiera ser único.

Hablamos mucho de que debería caminar más a menudo. Hablamos de que debería pegar la bola al lado opuesto del jardín. Hablamos de pegar más de .300. Hablamos de anotar 100 carreras. Hablamos de técnica. Hablamos de estrategias de juego y de identificar lanzamientos. Hablamos de mi juego de pies, de dónde agarraba el bate, de cómo sujetaba el bate, de cómo movía el bate. Hablamos de batear.

Pero al empezar la temporada, Jeff y yo no habíamos hablado nunca de jonrones. Mis seguidores pueden no creérselo—129 jonrones y dos temporadas más tarde—pero es la verdad. No me mal entiendan: la meta de un toletero es pegar con fuerza. Pero tenía cosas más importantes por las que preocuparme que disparar muchos jonrones. La más importante era aprender de mis dificultades del año anterior.

Sobre el papel había logrado buenas marcas en el '97: 36 jonrones, 119 carreras impulsadas y 22 bases robadas. Y había otras cosas que daban la impresión de que mi vida estaba llena de felicidad. Tenía el contrato que siempre había deseado, convirtiéndome en unos de los deportistas profesionales mejores pagados del mundo. Considerando mi procedencia y lo pobre que había sido mi familia cuando yo era niño, mi vida se había convertido en un cuento de hadas.

Y supongo que la historia podría haber acabado ahí mismo felizmente. El béisbol me había hecho rico y sabía perfectamente, por experiencia personal, lo afortunada que era mi familia. Créanme que doy gracias a Dios todos los días por lo que tengo y siento la obligación de devolver algo a la gente, a todos los que me han vitoreado y apoyado.

Es difícil describir lo que sentí cuando entendí que nunca más me tendría que preocupar del bienestar financiero de mi madre. Podía por fin descansar y disfrutar la vida rodeada de hijos y nietos. Eso me daba una gran satisfacción.

Así como saber que todos mis hermanos y hermanas—Luis, Sonia, Juan Eduardo, Raquel y José Antonio—tenían su futuro asegurado sin la carga de la pobreza. En Chicago, los hinchas me querían y yo a ellos. ¿Quién podía pedir más?

Supongo que yo. Lo que aún quería, lo que me empujaba a trabajar más que nunca, era ser una estrella sin etiquetas pegadas a mi nombre. Sabía que continuaban ahí. Sammy Sosa estalla 36 jonrones, pero poncha 174 veces más que nadie en la Liga Nacional. Sammy Sosa remolca 119, pero pega un promedio de .246 con jugadores en situación de anotar y .159 cuando los lanzadores tienen dos golpes contra él. Sammy Sosa roba muchas bases, pero lo hace en juegos y situaciones innecesarios, tiene un bajo porcentaje en bases y comete arriesgados errores defensivos.

Antes de 1998, aceptaba estos reproches como parte del deporte. Lo importante era que me podía mirarme al espejo porque sabía que cuando sonaba la campana, siempre respondía. Nadie puede alegar que no lo intentaba o que no me importaba lo suficiente. Me interesaba por los hinchas, por mis compañeros, por los Cachorros, por cada partido, por cada batazo y por mi propia reputación.

Pero cuando aparecí en Mesa, Arizona en febrero, todos los antiguos reproches seguían ahí.

Enseguida los periodistas me empezaron a preguntar por 1997. Les dije que pensaba que había sido un mal año, pero que confiaba más en mí mismo y que dedicaría el año siguiente a alcanzar mis metas.

Nunca me ha preocupado hablar de esta forma, enfrentarme a mis propias faltas. No hay por qué avergonzarse de ello. Todos somos seres humanos, creados iguales. Si cometes una equivocación ¿por qué no admitirlo?

En la primavera de 1998 tenía veintinueve años y era un veterano de las Grandes Ligas. Mi carrera ya me había aportada valiosas experiencias. Primero, había sido un jovencito, un Don Nadie en este deporte. Después fui una gran promesa, un novato prometedor. Y de la noche a la mañana me convertí en un paria del club y en una decepción para los Medias Blancas. Yo era el tipo que los Cachorros estúpidamente habían cambiado por George Bell. Un toletero creciente luchando sin éxito como abridor que cuando encuentra el ritmo se pasa la mayor parte de esa temporada en la lista de lesionados mientras George Bell y los Medias Blancas acumulaban récords al otro lado de la ciudad.

Pero entonces me convertí en el décimo jugador en la historia de la Liga Nacional en disparar 30 imparables y robar 30 bases en una sola temporada, y lo volví a repetir. Y lo hubiera vuelto a hacer de no haber sido por la huelga de 1994.

Mi mejor temporada la tuve en 1995, el año siguiente a la huelga cuando los hinchas del béisbol continuaban molestos y la asistencia a los estadios había bajado. En 1996 me encaminaba hacia un año espectacular y 50 imparables, cuando me lesioné, terminando mi temporada con 40 jonrones faltando seis semanas. Parecía que la oportunidad estaba por fin a mi alcance.

En 1997, luego de que Jim Riggleman me hubiera confrontado delante de mis compañeros, el equipo de los Cachorros tuvo una reunión para hablar de eso y de mi papel como líder del equipo. Riggleman estaba allí. También Ed Lynch, gerente general de los Cachorros, y Jeff Pentland. Y yo, claro está.

Nos sentamos y empezaron por decirme que querían que robara más bases, que pegara más carreras, que caminara más, que ponchara menos. Estaba sentado y escuchaba. Escuchaba atentamente. Durante la reunión, Jeff levantó la voz y dijo: "Esperen, el problema aquí no es Sammy Sosa. Él impulsa 100 carreras al año". Jeff me defendió. Y lo aprecié.

En la primavera del '98 estábamos empezando a conocernos y él me animaba a que intentara diferentes aproximaciones al plato, que fueran contra mis instintos, aquellos que me habían llevado a donde hoy estaba. Una de las cosas que cambió mi suerte en 1998, serían las conversaciones que Jeff y yo tuvimos en Arizona.

Jeff Pentland:

Cuando empecé a romper la forma en que Sammy bateaba me percaté de que agarraba el bate por encima de su cabeza, con el palo encorvado hacia el lanzador. Cuando agarraba el bate así lo sentía fuerte en sus manos, también noté inmediatamente que Sammy era muy fuerte. Como entrenador tratas de conocer las cualidades y defectos de los jugadores y en el caso de Sammy su fortaleza era una virtud. Pero su fuerza también lo estaba perjudicando.

Empecé a discutir con Sammy que la fuerza en su colocación y postura al batear no eran importantes, el único sitio donde la fuerza tenía importancia era en el punto de contacto y en el seguimiento. Lo que necesitábamos, y esto se lo repetía constantemente, era que se distendiera y relajara en el plato. Queríamos que no pusiera rígidos los músculos—porque en ese momento, la fuerza todavía era algo negativo para Sammy—no algo positivo. Le sugerí que bajara las manos y utilicé como ejemplo a los grandes bateadores de las Grandes Ligas. El tipo más fuerte con el que jugué en mi vida fue Reggie Jackson del Salón de la Fama. Él mantenía las manos bajas para eliminar la tensión de sus brazos y manos y utilizaba su fuerza sólo cuando era importante. El golpe de Sammy era lo que denominábamos de "máximo esfuerzo", pega demasiado fuerte. Quiero decir que era un tremendo deportista. Y con sólo bajar las manos la relajación y el distendimiento funcionaron.

Entonces empezamos a trabajar en su juego de pies en la jaula de bateadores. En este momento hay un estilo de golpe que está de moda, lo que yo denomino "el paso con golpe". Quiere decir que cuando el bateador está en la jaula transfiere su pierna delantera hacia la trasera cuando el lanzamiento está de camino. Entonces da un golpecito en el suelo y lanza su pierna derecha hacia delante mientras mueve el bate. Es como un aparato de carga que traslada el peso a la pierna trasera, que es importantísimo.

En 1997, antes de que yo llegara, Sammy utilizaba una variante de este estilo y le pregunté por ello. Me dijo que lo hacia de vez en cuando. Lo vi practicarlo y en mi opinión lo estaba haciendo mal. Los toleteros tienen toda la fuerza en las piernas, no la tienen en las manos ni en los pies. Y el movimiento que hacía Sammy era tardío y demasiado rápido.

Idóneamente, cuando el pie de delante toca hacia atrás, la pelota debe estar a mitad camino del plato. Los pies de Sammy iban tan retrasados que cuando por fin el pie delantero tocaba, la pelota estaba en la zona del suelo del plato. Ésto causa prisa y hace que el bateador sienta urgencia. Sammy siempre estaba tratando de ser más rápido. Pero lo que he aprendido con el tiempo es que tienes que dar al bateador todo el tiempo posible, para que disponga de tiempo para leer y reconocer el lanzamiento.

Durante el entrenamiento de primavera inventé una práctica donde Sammy se colocaba y empezaba su movimiento. Daba el golpe con la pierna hacia atrás y esperaba. Entonces se lanzaba la pelota y él daba un paso adelante y le pegaba. Metimos una pausa. En lugar de hacer que sus pies fueran hacia atrás y hacia adelante rápidamente lo cambiamos. Era: golpe atrás, pausa, golpe adelante. Y enseguida lo aprendió, porque tiene mucho talento.

Entonces empezamos a trabajar con un lanzador en el montículo. Lo que acordamos fue que cuando el lanzador bajara las manos, Sammy daría el golpe atrás. Además, Sammy tenía que entrenar sus ojos para desarrollar un aparato de medición. Lo que resultó del pase y del golpe fue que Sammy empezó a utilizar sus piernas mejor que cualquier otro jugador en las Grandes Ligas.

Sammy no es un hombre muy alto (creo que mide unos 5'11") pero generaba con la parte inferior de su cuerpo mucha fuerza al girar. Sammy estaba aprendiendo que la fuerza consiste en tener más coordinación y medida, y no tanto en la fuerza bruta.

Lo que queríamos lograr era que la agresividad de Sammy fuera controlada. Lo otro objetivo era cambiar emociones negativas por positivas. Tenía que cambiar los sentimientos negativos que sentía por algunos de sus compañeros y por la prensa y entender que hacerlo era la obligación de una primera figura. Tenía que superar esa parte del juego y las pequeñas cosas que se decían de él en el club, porque no tenían importancia.

Sammy:

La primavera del año '98 que nos traería tanta alegría, fue una época muy triste para todo Chicago. Nuestra comunidad perdió a un querido amigo, mi querido amigo, Harry Caray. Harry me había ayudado tanto. Había sido muy bueno conmigo. En una ocasión estabamos bromeando y le dije: "Harry, siempre has sido tan bueno conmigo". Y él me contestó: "Sammy sólo me relaciono con las grandes figuras. Y tú eres una". Era una de esas personas especiales y sé que ahora está con Dios. Todos lamentamos su pérdida. Y antes de empezar la temporada del '98, decidí que se la iba a dedicar. Cada vez que disparaba un imparable, lo pegaba para Harry, y también por mamá.

¿Recuerdan cuando dije que podía relacionar las grandes cosas de 1998 a las lecciones que aprendí en 1997? Fue en el '97 que comencé a soplar besos a mi madre después de cada jonrón. Ahora era también mi forma de saludar a Harry. Así es Chicago. Una gran comunidad donde la gente ama el deporte y Harry era parte de eso. He tenido la gran fortuna de haber estado cerca de algunas de las más grandes personalidades en los deportes de Chicago. Harry era uno de ellos. Ryne Sandberg otro. Ryne era un estupendo jugador, un jugador con clase que siempre hacía lo que tenía que hacer en el campo y lo hacía bien. Era muy estable, muy calmado. De veras que me encantaba jugar con él. En 1998 jugué un poco con Mark Grace. Es un excelente jugador, un bateador suave. Sólo puedo decir buenas cosas de él.

Cuando estaba a punto de embarcarme en la temporada del '98, otra figura muy unida a la historia de Chicago estaba a punto de retirarse. Su nombre es Michael Jordan.

Tuve un buen entrenamiento de primavera ese año. Me sentía bien, estaba pegando acertado y me sentía optimista. Sentía que Jeff me comprendía. Sabía cuándo empujarme y cuándo dejarme; pensaba que era un gran instructor. Nuestro equipo fue seleccionado por muchos para terminar en el tercer puesto de nuestra división, aunque algunos pensaban que era exagerado.

Teníamos algunas caras nuevas en el equipo. Mi compatriota Henry Rodríguez vino de los Expos de Montreal después de jugar dos consistentes años con 103 impulsadas en 1996, un año en el que también disparó 36 imparables. Se esperaba que Henry me proporcionara alguna protección en la alineación. Henry jugaría de jardinero izquierdo, Lance Johnson de centro y yo, claro está, de jardinero derecho.

Grace estaría en primera base y trajimos a Mickey Morandini para jugar segunda y reemplazar a Ryne Sandberg, que se retiró definitivamente después de la temporada de 1997. Utilizaríamos varios jugadores de paracortos. Uno era Jeff Blauser y los otros dos eran dos jugadores a que admiro y aprecio mucho. Uno es José Hernández, un talentoso jugador de Puerto Rico que empezó en los Vigilantes un año después que yo.

El otro es mi amigo y compatriota, Manny Alexander. Manny es de San Pedro, igual que yo. Había jugado con los Orioles de Baltimore y con los Mets de Nueva York antes de su tranferencia a nuestro equipo a finales de la temporada de 1997. Puedo decir sin duda que Manny es el mejor compañero que he tenido en el béisbol. Siempre hablamos y hacemos cosas juntos. Y siempre me ha apoyado mucho.

Mis lanzadores también parecían más fuertes a principios de 1998. Teníamos a Kevin Tapani, Steve Trachsel y a un prometedor candidato llamado Kerry Wood. También añadimos a Rod Beck al descansadero.

Como dije, a pesar de la temporada previa y pocas expectativas por parte de la prensa, teníamos confianza en nuestras posibilidades cuando dejamos Arizona a principios de año.

Pero a pesar de todo el trabajo y el cambio técnico, empecé despacio. Mientras tanto, en San Luis, a Mark McGwire le hacían la misma pregunta todos los días: "¿Puede usted romper el récord de 61 jonrones en una sola temporada, establecido por Roger Maris?"

Mark había intentado batir el récord a fines de 1997, disparando 58 imparables el año en que fue transferido de los Atléticos de Oakland a los Cardenales de San Luis. Y si no hubiera sido por un bache que sufrió durante un período de incertidumbre justo antes de ser traspasado, había mucha gente que opinaba que podría haber roto el récord porque cuando llegó a San Luis de veras que despegó.

Cuando se pudo centrar en el béisbol y ser vitoreado como un héroe en el Estadio Busch, la atención estaba depositada en Mark para hacer un intento al mayor récord del béisbol, uno que seguía invencible desde 1961. Mis padres no se habían conocido en 1961. Mark ni siquiera había nacido en 1961.

Y en aquel entonces sólo había un Ken Griffey en el mundo y estaba muy lejos de lograr una distinguida carrera en las Grandes Ligas de béisbol o de ser el padre de un hijo que llevaría su mismo nombre. ¡Y vaya hijo que tiene! Al aproximarse 1998, Griffey Jr. había conseguido cinco temporadas con más de 100 impulsadas. Hay grandes jugadores en el Salón de la Fama del béisbol que no han logrado eso. En 1997, Griffey disparó su jonrón número 56. En 1996, pegó durante una temporada en la que permaneció en la lista de lesionados por tres semanas. Griffey y McGwire. Esos dos estaban en un círculo sagrado.

Mientras tanto, yo seguía esforzándome en Chicago. Había empezado el año con una nueva forma de pensar pero a medida que iba transcurriendo abril, mis buenas marcas no llegaban. Tuve varias conversaciones con Jeff Pentland y trabajamos para encontrar la fórmula correcta.

Jeff Pentland:

Sammy empezó muy despacio. A mediados de mayo tenía sólo 8 imparables. Creo que en abril tenía un promedio de .200. El problema era que seguía haciendo lo de antes. Así que a mediados de mayo tuvimos una charla. La verdad es que Sammy no estaba pegando muy bien. Y cuando hablas con Sammy es un descarado, confianzudo hijo de su madre. Siempre te va a decir que él está bien, que debería ir a ayudar a los otros chicos. Pero pensaba que mi trabajo era decirle algo. Así soy con los bateadores y desde luego voy a decirles algo cuando tienen dificultades.

En ese momento, no creo que Sammy estuviera totalmente convencido de cómo estaba pisando. No estaba haciendo lo que habíamos hablado en el entrenamiento de primavera. Pensaba que seguía pegando demasiado duro. Quería que Sammy se tranquilizara. Era tan agresivo y tan emocional, no necesitaba acelerarse todavía más. Aquí estaba el dilema. El planteo que tenía hacia el bateo era el que siempre había tenido. Y aquí estaba yo pidiéndole que hiciera un cambio radical. Pero no era fácil para él.

Empezamos a hacer algunos ejercicios donde yo me colocaba a veinte pies de distancia con una malla delante y tiraba la bola por abajo hacia él. Es un ejercicio que crea buena dirección para el swing y lo mantiene lento. Estaba intentado que lograra esperar.

En ese momento no lo estaba haciendo tan mal como antes, pero desde luego no estaba donde sentí que estaba durante el entrenamiento de primavera. Creo que el problema era parte de la emoción de jugar la temporada. Sammy se enciende. Ese tipo se mete dentro. Quiero decir, que como entrenador, eso me encanta y no podría escribir un guión para un jugador mejor. Normalmente los muchachos miden 5'2" y pesan 140 libras. Aquí estaba un tipo fuerte como un toro y con mucha fuerza en las piernas. Pero lo que más tenía Sammy era fuerza de voluntad. Sammy Sosa tiene una voluntad y una agresividad que nunca he visto en nadie a quién he entrenado. Lo único que tenía que hacer era controlarla.

Como dije antes, el juego de Sammy lo había hecho rico. Pero Sammy quería más que eso. Y lo más grande que hizo fue cambiar. Hizo los ajustes. Le doy mucho crédito. Siempre he dado las mismas recomendaciones a cincuenta o cien otros tipos, pero Sammy fue el que escuchó e hizo los ajustes. Es obvio que es alguien especial.

La clave era comprenderlo como persona. Como entrenador, si sólo entiendes a Sammy desde una perspectiva técnica, entonces te estás perdiendo a casi toda la persona. Con la personalidad de Sammy, que yo no describiría como inseguro, siempre tiene algunas preguntas internas. Son las preguntas con que todos batallamos. Aunque Sammy sea tan fuerte, todos seguimos siendo seres humanos. Creo que eso lo entendí. Entendía que cuando a Sammy no le iba bien, le dolía. Después de nuestra conversación acordamos que íbamos a comprometernos totalmente con el programa que estábamos haciendo. Y Sammy estuvo de acuerdo. Y despegó.

Sammy:

Debo decir que Jeff Pentland como instructor de bateo me ha ayudado de toda maneras. Es una excelente persona. De todos los entrenadores que he tenido en mi vida, él es el que más ha conseguido de mí. Es el que me comprende.

Jeff Pentland:

Sammy empezó reventando la tapa de la pelota, pero en mayo no había logrado demasiados jonrones. Pegaba tan fuerte que las pelotas chocaban contra la pared de ladrillo de Wrigley Field y caían dentro del jardín. No elevaba la pelota. De hecho, se me acercó en un determinado momento y me dijo que le encantaba lo que estaba haciendo porque que esperaba poder pegar unos cuantos jonrones. Me di cuenta que Sammy podía disparar jonrones pero era algo que nunca me había preocupado. Estaba más preocupado por su protección del plato.

Más tarde se enamoró de lo que estaba enseñando. Se enamoró de su habilidad para disparar la pelota al jardín derecho más fuerte que nadie en el juego. Cuando haces algo bien hecho sueles querer repetirlo. Y eso fue lo que pasó. Y una vez que lo hizo, nadie en béisbol lo podía tocar.

Sammy:

Cuando las cosas me empezaron a funcionar, hice mi trabajo tranquilamente, manteniéndome firme y equilibrado. Y cuando empecé, no paré. Los jonrones empezaron a llover.

Junio 1998

Sammy:

El público recuerda el mes de junio como el mes que disparé más imparables que cualquier otro jugador en la historia

del béisbol. Pero en honor a la verdad, esa racha empezó a finales de mayo. Y para mí, empezó en uno de los lugares que
menos esperaba: en Atlanta.

Durante toda mi carrera los lanzamientos de los Bravos
siempre me han costado, como a todo el mundo. Al comenzar
la temporada no estaba siquiera cerca de Mark McGwire ni
de ningún otro líder de la liga en imparables. Era fines de
mayo cuando llegamos a Georgia y había logrado tan sólo 8
jonrones en las seis primeras semanas de la temporada. Y no
sólo estábamos en Atlanta sino que nos íbamos a enfrentar a
Greg Maddux en persona. Era el 22 de mayo. Todo el mundo
sabe que Greg Maddux y yo habíamos sido compañeros durante el año 1992. Fue su ultimo año con los Cachorros y mi
primero. Es un buen tipo y fue un buen compañero de
equipo. Y además, un gran lanzador, que siempre ha sido un
reto para mí. Pero en lo que resultaría un año clave, comencé
pegando un imparable de 440 pies de un lanzamiento de un
lanzador especial. Ocurrió en la primera entrada, disparé uno
de los lanzamientos de Maddux derecho por el centro. Había
disparado mi jonrón número 9.

Antes de jonronear con un tiro de Maddux, conseguía imparables aquí y allá. Pero todo cambió a partir de ahí. Tres
días más tarde, contra el jugador de los Bravos, Kevin Milwood, disparé mi décimo. Como decía Jeff, relajándome en el
plato y trasladando mis pies a mi pierna trasera, estaba
comenzando a conectar con el jardín derecho, lo que me convertía en un toletero todavía más peligroso, porque ahora
estaba reventando lanzamientos que salían del plato—lanzamientos que antes solía perder. El jonrón contra Milwood viajó al jardín derecho, 410 pies. Cuatro entradas después, con
dos corredores en base, pegué un imparable de 420 pies,
derecho por el centro del campo, contra el relevista de los
Bravos Michael Cather. El número 11.

Dos jonrones contra los Bravos en un partido. Nunca había

logrado esto antes. Y la carrera había comenzado. Todavía era mayo, el 27, y disparé otros dos imparables contra los Phillies. Los números 12 y 13.

El primero de junio jugábamos en casa contra los Marlins de Florida. Dos cuadrangulares, el 14 y 15. Y el 3 de junio disparé otro. Y descargué otro el 5 de junio contra los Medias Blancas. Y otro contra los Sox el 6 de junio. Y otro más contra los Sox el 7 de junio, rematando una emocionante victoria de tres juegos sobre mis antiguos compañeros, con marcas de 6–5, 7–6 y 13–7. Y hubo un jonrón más contra los Gemelos el 8 de junio.

De repente, tenía 20 imparables. Pero todavía no captaba demasiada atención nacional. Pero eso no importaba. Nunca me había sentido tan bien en toda mi carera. No me importaba quién era el lanzador. Me sentía lleno de confianza.

El 13 de junio empezó de nuevo en Filadelfia. Estábamos enfrente de Mark Portugal, el lanzador que los Medias Blancas habían considerado cambiar por mí hasta que los Astros de Houston decidieron en contra. Pegué un imparable de dos carreras al jardín derecho. Número 21.

Dos días más tarde estábamos en casa jugando contra los Cerveceros de Milwaukee y Carl Eldred. Disparé 3 de Cal. En la primera entrada, disparé uno al jardín derecho; el número 22. En la tercera entrada, coloqué uno en el jardín izquierdo; el 23. Y en la séptima salida disparé uno al centro del jardín, el decimocuarto. El 17 de junio, todavía en Wrigley contra los Cerveceros, pegué otros. Tenía 25.

Entonces llegaron los Phillies a la ciudad. El 19 de junio, disparé dos. Los 26 y 27. El 20 de junio, coloqué dos: los 28 y 29. Y el 21 de junio, descargué otro. Un tiro al jardín derecho contra Tyler Green.

Tenía 30 imparables y era tan sólo el 21 de junio. Yo tenía 17 imparables ese mes, una marca que me colocaba con una compañía selecta. Empatando el récord de La Liga Nacional con el gran Willie Mays, que lo consiguió en agosto de 1965.

El récord de las Grandes Ligas también los habían establecido Rudy York, de los Tigres de Detroit, disparó 18 en agosto de 1937. Así que era justo que cuando coloqué mi número 18 en el estadio de los Tigres, en un partido entre ligas el 24 de junio. Al día siguiente, todavía en Detroit, rompí el récord con un batazo de 400 pies al jardín derecho contra Brian Moehler.

Parecía como si eso fuese a quedar ahí. El récord seguiría siendo de 19. Pero en mi último turno al bate, en el último partido del mes, un partido contra los Diamondbacks de Arizona conecté un jonrón contra Alan Embree. El número 20 del mes de junio. El número 33 en total.

A finales de junio, tuvo lugar el recuento de votos del Juego de las Estrellas. Mark consiguío más que cualquier otro jugador. Yo no terminé ni entre los diez primeros. En la Liga Nacional los jardineros, Tony Gwynn, Barry Bonds, Larry Walker, Dante Bichette y Moises Alou terminaron antes de mí en la votación.

Pero Estados Unidos estaba empezando a conocerme.

Un verano para recordar

No me importaba que no hubiese conseguido suficientes votos para el Juego de las Estrellas de las Grandes Ligas. Sabía que si continuaba, el público acabaría apreciándome. Cuando era joven, no tenía la perspectiva que tenía ahora. Entonces hacía cosas que no debería haber hecho. Lo quería todo de golpe.

Pero a mediados de la temporada del '98 sabía que por fin había encontrado la disciplina que necesitaba para triunfar en este juego.

¿Quieren saber lo que estaba pensando en ese momento? Estaba dando gracias a Dios por todo lo que me había pasado. Me había convertido en una mejor persona y en un mejor jugador. Y ahora podía salir a demostrarlo. Además, me eligieron para el Juego de las Estrellas como reservista. Estaba encantado y me trasladé a Denver para el partido, aunque estaba ligeramente lesionado de jugar. Pero fui de cualquier forma. Allí me sentía bien y me divertía mucho hablando con los hinchas y con la gente.

Finalmente, me estaban ocurriendo cosas increíbles y yo estaba alisto. Tenía la sabiduría de mis años jugando al béisbol, y la sabiduría de las lecciones que mi madre y mi familia me habían enseñado de pequeño. En 1998, todo esto se juntó.

Estos grandes logros me hicieron sentir humilde. ¿Recuerdan cuando tenía quince años y estaba a punto de firmar un contrato con los Phillies, cuando mi hermano y yo regateábamos para conseguir más dinero y mi madre se sentía incómoda por toda la situación? Cuando le comenté que podría haber sacado más dinero a los Phillies, ella me dijo: "No, hijo, no pienses de esa manera. Quédate satisfecho con los que Dios te dé". Tenía razón, y durante el verano del '98 decidí que continuaría tratando de desarrollar mi potencial, y conformándome con lo que consiguiera.

Es un principio que sigo cada vez que alguien me pregunta por Mark McGwire. Entre mediados y finales de julio, la gente me preguntaba mucho por él.

A principios de 1998, como dije antes, Mark y Ken Griffey Jr. estaban en el círculo sagrado solitos. Lo que hice ese verano fue entrar en el círculo, aunque nadie me había invitado. A medida que pasaba el tiempo la gente quería saber si estaba enojado porque Mark y Ken estaban recibiendo más atención que yo. La respuesta era bien sencilla. No.

Pero aunque intenté ignorarlo o bromear, las preguntas continuaron llegando. Especialmente después de que *Time* Magazine dedicara un artículo al deporte, por el récord de cuadrangulares a finales de julio, y pusiera solamente a Mark y a Ken en portada. Dentro había un artículo que decía esto de mí: "Sosa es el candidato desconocido que ha destrozado el récord de jonrones en una sola temporada. Gracias al espectacular—algunos lo califican extraño—mes de julio en el que dispararía 20 jonrones, un récord de las ligas mayores, el oriundo de la República Dominicana demostró que por fin está controlando su impulsividad".

El titular del artículo decía: "¡Caballeros, tengan cuidado: Aquí llega Sammy!"

Pero mientras la carrera por el récord de jonrones se estaba calentando, algo mucho más importante estaba teniendo lugar. Los Cachorros estaban peleando por un puesto en los juegos de postemporada. Después de mi horrible puesto en el '97, estábamos en primer lugar después del descanso del Juego de las Estrellas.

Por entonces el público de Chicago era mío, Y el beso que le soplaba a mamá se hizo famoso. Para mí, eso fue lo más importante, lo más significativo que pasó en 1998: que todo el mundo se enterara de mi amor por mi madre. Cada vez que lograba un jonrón, las cámaras se disparaban en el cobertizo, preparadas para cuando yo soplara el beso. Nunca les defraudé. Y si alguien piensa que mi madre no ve los partidos y espera que le mande un beso después de cada imparable, debe repensarlo. Ella siempre los ve y siempre los espera. Siempre.

En 1998 ella vivía en una bella casa que le había comprado en San Pedro de Macorís y podía ver los partidos en el confort de su sala de estar. Ella empezaba a captar atención, los reporteros empezaban a buscarla, tratando de averiguar el tipo de crianza que había dado a mis hermanos, hermanas y a mí. Eso me alegraba porque ella se merece todos los elogios del mundo.

El 28 de julio, le soplé el beso número 41 a mi mamá después de disparar un jonrón contra los Diamondbacks en Phoenix. Quedando dos meses había superado mi propia marca sobrepasando los 40 imparables de la temporada de 1996 truncada por lesión. Terminaría julio con 42 imparables.

El 5 de agosto disparé mi número 43 contra Andy Benes en Wrigley. El 8 de agosto, y a punto de perder contra los Cardenales de San Luis, disparé mi número 44 torpedeando un jonrón de 400 pies en las gradas del jardín izquierdo del estadio Busch. Pero desgraciadamente perdimos ese partido.

El 10 de agosto, en Candlestick Park de San Francisco, disparé el 45 y 46—el segundo un disparo de 480 pies derecho por el centro, hasta ese momento el imparable más largo de toda la temporada.

Y el 16 de agosto, en el Astrodome de Houston, coloqué mi número 41, un golpe que nos dió la victoria el 2–1. Esa fue una gran victoria porque estábamos persiguiendo a los Astros por el liderazgo de la división de la Liga Nacional Central.

Más que los jonrones y los homenajes, quería alcanzar los juegos de postemporada, nunca había participado en ellos. Otros jugadores me habían comentado que jugar con ese ambiente es una experiencia que debería tener, jugar por el premio más importante de nuestro deporte.

Así que en agosto, cada partido contaba. Un partido que todavía recuerdo fue el que jugamos el 19 de agosto. Estábamos en Wrigley, enfrentándonos a los Cardenales de San Luis. Al empezar el partido, Mark y yo estábamos empatados con 47 jonrones cada uno, quedando seis semanas en la temporada. Cuando este importante partido comenzó, la atención periodística era increíble. Las cámaras de televisión avanzaban a empellones y parecía que lo que Mark y yo estábamos haciendo cobraba un significado más trascendental. La gente se había interesado de nuevo en el béisbol luego de la ofensiva huelga.

Mientras tanto los reporteros me preguntaban lo mismo: "¿Te sientes ofendido porque Mark McGwire está recibiendo más atención que tú? Los periódicos escribían cosas de este talante sobre nosotros: "La carrera por el récord de cuadrangulares en blanco y negro".

En ese tipo de ambiente, Mark y yo montamos un espec-
táculo el día 19. Yo disparé el número 48 para brevemente lid-
erar. Entonces Mark pegó el 48 y el 49. En ese momento, casi
a finales del partido, caminé y troté hasta primera base. Mark
estaba allí parado y, sorprendentemente, me imitó mandando
un beso a mi madre y dándome una palmada en la espalda.
Fue un gesto agradable. El público me ha preguntado por lo
que nos dijimos en ese momento, cuando todas las cámaras
nos tenían enfocados y éramos el centro de atención del
mundo del béisbol. No recuerdo exactamente sus palabras
pero fueron algo como: "Oye, creo que lo vamos a lograr." Era
el reconocimiento de que el récord de Roger Maris estaba a
nuestro alcance. Después del partido, por primera vez, Mark
dijo a la prensa que pensaba que el récord se podía romper.

No estaba disgustado porque Mark me hubiera alcanzado y
pasado en mi propia casa. Pero estaba disgustado que hubiésemos perdido el partido. Pero en el béisbol, tienes que
poner el pasado detrás y concentrarte en el mañana. Los Gigantes de San Francisco venían a la ciudad y se estaban convirtiendo en nuestra competencia para el puesto en los juegos
de postemporada. El 21 de agosto, disparé mi jonrón número
49, un bazazo de dos carreras contra Orel Hersheiser—que
ayudó a vencer a los Gigantes en Wrigley por 6–5.

Dos días más tarde, todavía en Wrigley, nos enfrentábamos a
los Astros de Houston, los líderes de nuestra división. Fue durante este partido que me ocurrió uno de los acontecimientos
más extraños del '98. Disparé 2 jonrones contra José Lima—que
continuaría y ganaría 20 partidos en la temporada del '99. Pero
después del partido, cuando esperaba hablar de mis imparables
50 y 51, la gente preguntó a Lima si me había enviado unos lanzamientos fáciles par que yo les pegara. La sospecha era que
Lima, siendo compatriota mío y con ventaja ese día, había lan-
zado unas elevadas fáciles para que pudiera aumentar mis marcas. No me lo podía creer. Es insultante de sólo pensarlo.

Déjenme decir esto para que nadie se confunda: En esta liga, nadie "arregla" nada.

O puedes jugar el juego o no puedes. Lima me hizo un lanzamiento y yo pegué la pelota. Nadie me regaló nada. Esta situación era un ejemplo de como la atención nacional, centrada en Mark y en mí, cada día tomaba aspectos diferentes.

Por ejemplo, a finales del verano, Mark estaba respondiendo a muchas preguntas sobre su uso de Androstenedione, una hormona para desarrollar músculos. La implicación era que las pastillas le estaban ayudando a disparar jonrones. Una situación todavía más delicada fue cuando la gente me empezó a preguntar a mí por las pastillas que tomaba Mark. Supongo que porque él y yo estábamos tratando de elevar nuestro juego a otro nivel.

Después de todo era agosto y cada equipo con posibilidades luchaba por cada partido. Y antes de que terminara agosto, pegaría 4 jonrones más, los días 26, 28, 30 y 31 de agosto.

Un septiembre histórico.

Al comenzar septiembre tenía 55 y disparía 3 más entre el 2 y el 5 de septiembre. Eso me daba 58. Entonces fuimos a San Luis y presenciamos cómo Mark superó el récord establecido por Roger Maris. Fue una tarde increíble, un montón de periodistas que superaron lo que habíamos visto las semanas anteriores. Y eso es decir bastante.

Antes de empezar el juego nunca había visto a Mark tan concentrado como ese día. Y después de disparar su número 62, nunca le había visto tan feliz. Me emocioné cuando me reconoció ante el público. Todo el mundo recuerda nuestro abrazo en mitad del campo. Mark estaba feliz y yo estaba feliz por Mark. Me han preguntado a menudo por qué me alegraba por él. Para mí ésa era la forma de demostrarle mi respeto y admiración. Mark es un auténtico y buen jugador.

Pero más importante que eso, Mark es una excelente persona—una cualidad más importante que pegar jonrones. Desde aquel año hemos hablado algunas veces, hemos salido a cenar y hemos compartido momentos muy agradables como amigos. Así que ese día me alegré mucho por él.

Jeff Pentland:

Más que nada, estaba orgulloso del comportamiento de Sammy. Tiene tanta clase. Estaba bajo mucha presión y mantuvo su enfoque. A pesar de la locura que nos rodeaba, siempre se preparó para los partidos de la misma manera todos los días. Nunca se puso demasiado nervioso, ni se excitaba y mantenía su compostura y su simpatía hacia el público. Los buenos jugadores suben el nivel del juego y eso es lo que él hizo. Después de que McGwire rompiera el récord, Sammy estaba un poco deprimido, lo notaba. Él no decía nada pero yo lo conocía demasiado bien. Y cuando vió a McGwire, parecía como si le hubieran quitado un peso de encima de los hombros. Era como "Por fin se acabó".

Como entrenador tratas de usar lo que sea para motivar a alguien. Y le dije a Sammy:

"¿Sabes qué? Opino que vas a jugar de nuevo y vas a torpedear la pelota y te vas a meter de nuevo en esto.

Sammy:

Jeff tenía razón. El 11 de septiembre, en Wrigley, disparé el jonrón 59 contra los Cerveceros de Milwaukee. El día siguiente, en la séptima salida del partido que ganaríamos por

15–12 contra los Cerveceros, disparé un jonrón de 3 carreras. El número 60.

Jeff Pentland:

A esas alturas se me llenaron los ojos de lágrimas. Tuve que regresar al túnel camino de los vestuarios porque me vencieron mis emociones. Pienso que 60 era un número mágico y en ese momento todo me afectó.

Al rato, no podía contener las lágrimas y me descontrolé. ¿Quién era yo? ¿De donde venía? Yo aquí era un Don Nadie y estaba siendo partícipe de la historia. Esto me embargó totalmente.

Sammy:

El día siguiente fue el no va más para mí. En la quinta salida contra los Cerveceros, enfrentándome a Bronswell Patrick, pegué un jonrón de 2 careras. El número 61.

Había superado la marca del gran Babe Ruth. Había igualado el récord de Roger Maris. Y había logrado situarme a un jonrón de diferencia con mi amigo Mark. La emoción me embargaba pero tenía que terminar el partido, y era una lucha apretada.

Era mi turno en la novena. Ibamos atrás. Me enfrentaba a Eric Plunk. Imparable. El número 62.

Es difícil describir las emociones que sentía mientras corría por las bases. Era algo que había deseado tanto y ahora lo había conseguido. Todo me había llegado, todo lo que había soñado y ahora mientras paseaba por las bases ya era parte de la historia.

Ganamos 11–10 y después el público me dió una ovación que siempre guardaré en mi corazón. Estaba muy emocionado al saludar al público y después la fuerza de lo que había logrado me pegó de lleno. Quedaban dos semanas en la temporada y estábamos luchando por nuestras vidas en la División Central.

De repente mi nombre era parte de la historia, como si no hubiésemos estado ya bajos los focos. La prensa subió la temperatura aún más. Cuando llegamos a San Diego luego de la serie con Milwaukee, un batallón de reporteros me aguardaban.

El primer día tuvimos que tener la rueda de prensa antes del juego en otra sala para que cupieran el enjambre de reporteros y las cámaras. Allí donde iba, todo el mundo me seguía. Las cadenas de televisión me perseguían, los más importantes revistas y periódicos. Estaba en la portada de *Sports Illustrated* por primera vez. ESPN hizo un programa de una hora de duración dedicado a mí. Los reporteros viajaban a la República Dominicana para ver mis raíces por sí mismos.

Yo lo absorbía todo. Y puedo decir sinceramente que lo disfruté. Las muchedumbres no me molestaban, la prensa no me molestaba. Estaba concentrado en lo que tenía que hacer y nada me lo iba a impedir.

Durante esa serie con San Diego la muchedumbre me vitoreaba cada vez que salía al plato—y era un jugador visitante. Durante los primeros dos partidos de esa serie, no me había aproximado a conectar pero durante el tercer partido, el 16 de setiembre, me tocó mi turno al bate en la octava salida con las bases llenas. Perdíamos por 3–2 frente a los Padres, un equipo talentoso que ese año alcanzó la Serie Mundial.

Brian Boehringer era al lanzador cuando conecté. La pelota voló hacia el segundo nivel de las gradas del jardín izquierdo de las gradas y el gentío me vitoreó como si yo jugase para los Padres. El número 63. Los Padres lanzaron fuegos artificiales mientras yo rodeaba las bases y los Cachorros ganaban el partido 6–3. Estaba dentro de la cueva, recibiendo las felicitaciones, cuando los hinchas de San Diego me dieron un encore. ¡Qué emoción!

Más tarde, había tantos reporteros y cámaras apiñados en los vestuarios que algunos de mis compañeros no pudieron llegar a sus roperos. Pero me defraudó escuchar que algunos jugadores de los Padres—Tony Gwynn, Greg Vaughn, Kevin Brown y otros—habían reaccionado con rabia ante la reacción por mi jonrón. Para mí, no había motivo para que reaccionaran así. Más que nada, parecía que estuvieran celosos. La gente estaba reaccionando ante ¡la historia!

Lo más importante era que el béisbol era de nuevo popular, la gente iba a los juegos y no hablaban ya de la huelga. Estoy orgulloso de mirar atrás y saber que Mark y yo tuvimos un papel en este renacimiento. La gente nos apoyó. Y para mí esa temporada me probó que podía triunfar y ganar y además alegrarme por otra persona.

Pegaría 3 vuelacercas más antes de que terminara la temporada y, como todos ya saben, Mark terminaría con 70 jonrones frente a los 66 míos.

Lo más importante: estaba fascinado de haber llegado a los juegos de postemporada de la Liga Nacional. Y aunque no nos fue bien contra Atlanta, cuando terminó la temporada los hinchas me reclamaron y corrí por Wrigley Field para darles a todos las gracias por todo. Sentía que era una forma apropiada de coronar una temporada maravillosa, y quería que los hinchas de Wrigley compartieran mi felicidad. Mis marcas esa temporada son por todos conocidas—un promedio de bateo de .308, 66 jonrones y líder de las Grandes Ligas con 158 carreras impulsadas. También fui cabeza de liga con 134 carreras y gané el trofeo del Jugador Más Valioso.

La comunidad dominicana de Nueva York organizó un des-

file en las calles de su maravillosa ciudad. Y regresé a casa
como un héroe nacional. Cuando llegué allí, el campo había
sido devastado por el Huracán George, y fue en ese momento
cuando decidí empezar mi fundación. La meta de esa fundación es ayudar a la gente necesitada de mi país. ¿Cómo
podía no hacerlo? Al llegar a casa la gente llenaba las calles.
Se observaban los destrozos del huracán y llovía muy duro,
pero aún así la gente estaba allí por millares. Me llegó al
corazón verlos a todos, saber que me habían aguardado en la
lluvia. Nunca olvidaré ese día.

Para mí este año había sido como un sueño, uno en el que
todas mis esperanzas y aspiraciones se convirtieron en realidad. Y aunque me había enfrentado a tanto escrutinio, no
pensaba esconderme. Quería experimentarlo todo en mi
nueva vida. Quería verlo todo. Y me preparé para un invierno
muy ocupado, agradeciendo a Dios por sus bendiciones. De
verdad que gozaba mi vida. Era un hombre feliz.

12

Sammy Sosa

Las memorias de 1998 son verdaderamente increíbles y las recreo en mi mente como si fuera una de mis películas favoritas. Pero es difícil creer que el protagonista de esta película soy yo. Una de mis escenas favoritas fue la celebración del Día de Sammy Sosa que los Cachorros organizaron en mi honor a finales de la temporada de 1998. Nunca olvidaré mí emoción y orgullo al ver la bandera dominicana agitándose en las gradas centrales del estadio Wrigley. Allí estaban mi madre y toda mi familia, fue maravilloso. Ese fue el día que pude exclamar verdaderamente: ¡Guau!

Otro de mis recuerdos favoritos: La noche que derrotamos a los Gigantes de San Francisco en un partido de postemporada que nos situó en los playoffs por primera vez en mi carrera. Cuando ganamos, me subí arriba de la cueva a bailar merengue. Al finalizar el año, las invitaciones empezaron a llover. Participé en el *Tonight Show* con Jay Leno. También en el programa de David Letterman. Luego regresé a Chicago invitado por el alcalde de la ciudad.

Cuando regresé a la República Dominicana, el Presidente de mi país, el honorable Leonel Fernández, me nombró embajador. Con esa distinción, nos entregaron a mí y a mi familia unos pasaportes especiales que nos permitían viajar por todo el mundo. Y además utilizaría el privilegio para promocionar mi país: my bella isla-nación.

Tenía tanto por hacer cuando llegué a casa, el huracán George había causado tanta devastación. Fue una catástrofe espantosa, una tormenta que destruyó casi todo el campo. Me enorgulleció usar mi influencia para traer agua, alimentos, ropa y todo lo necesario para la gente que lo precisaba.

George fue una cruel tormenta que azotó especialmente las zonas más pobres de mi país, a la gente que vivía en zonas abiertas sin protección para la persistente lluvia y viento. Cuando vi la destrucción se me hundió el corazón porque entendí el dilema de toda esta gente. Por mis circunstancias, estaba en una situación de poder ayudar —comprendía por lo que estaban pasando. Lo más conmovedor fue ver a todos los residentes de mi pueblo, San Pedro, ovacionándome rodeados de la destrucción, los árboles arrancados y los cables de electricidad tirados en el piso.

La prensa decía que había medio millón de personas bordeando las carreteras para saludarme.¿Cómo podía negarles la ayuda? Cuando viajé a Estados Unidos después de la temporada, intenté recaudar dinero para ayudar a las víctimas del huracán. Mi fundación inauguró el Hospital de Niños Sammy Sosa de Medicina Avanzada en San Pedro de Macorís. Lo abrimos gracias a una generosa ayuda del Centro para el Control de Enfermedades de Atlanta, del gobierno norteamericano y del gobierno de mi país. Hoy en día, la clínica proporciona vacunas gratuitas a todos los niños de las cinco provincias adyacentes a San Pedro de Macorís.

Establecer esa clínica es una gran fuente de orgullo. Y aunque no lo hice por el reconocimiento me sentí muy honrado cuando las Ligas Mayores del Béisbol me concedieron el premio Roberto Clemente al Mejor Hombre del Año. Recibir un galardón con el nombre de Clemente

—que es una leyenda en Latinoamérica— es algo que jamás olvidaré.

Mientras tanto, las invitaciones continuaban llegando. Visité Japón y jugué varios partidos de exhibición en presencia de un público increíblemente entusiasta. Me alimenté con su energía y en 24 turnos al bate, pegué 12 hits —un promedio de .500 con 3 vuelacercas y 9 carreras impulsadas.

Luego me invitaron a la Casa Blanca a encender el árbol de Navidad. Conocí a muchos famosos con los que nunca pensé llegaría a relacionarme. Conocí a los presidentes de Panamá, Venezuela, Colombia y a los líderes de Puerto Rico en San Juan. Durante mi estancia, participé en un homenaje al gran Clemente.

Viajé a los ESPY Awards donde me entregaron el Premio Humanitario. Luego volé a Los Angeles para participar en una sesión fotográfica con Mark McGwire. La revista *Sports Illustrated* nos había nombrado "Jugadores del Año".

Logramos la misma distinción de *Sporting News*, que asimismo me nombró "Deportista del Año". Durante las vacaciones y hasta el inicio de 1999, vivía a bordo de los aviones. Lo juro, volaba cada dos días. Mi manager, Domingo y yo estábamos estudiando numerosas ofertas de patrocinios. Y poco después empecé a filmar innumerables anuncios.

El Presidente Clinton me volvió a convidar a Washington para ser su invitado al discurso del Estado de la Unión. Me senté al lado de la Primera Dama y me sentí muy honrado cuando el Presidente hizo mención de mí y me aplaudieron. Aquí estaba yo que había sido un pobre muchacho en la República Dominicana y ahora los líderes de los Estados Unidos estaban de pie aplaudiéndome en los pasillos del Congreso. Fue un gran momento. El Presidente Clinton no podía haber sido más amable conmigo. Es el líder del mundo libre pero en el ámbito humano —por su cordialidad con mi familia y conmigo— le considero un amigo.

Pero posteriormente, creo que mis seguidores empezaron a preocuparse de que no tendría una buena temporada en 1999. Algunos decían que estaba viajando demasiado. Yo no estaba preocupado. Sabía cómo me tenía que cuidar. Descansaba lo necesario. Me alimentaba bien, y a pesar de tener una agenda muy apretada, mi preparación para el béisbol no sufrió.

Mi vida se volvío mucho más intensa. Trabajaba, conocía a mucha gente por todo el mundo. Uno tras otro conocí a Donald Trump, Kenny G., Danny Glover, Denzel Washington, Jennifer López, Oscar de la Renta, Gloria y Emilio Estefan.

Mi película favorita es "Titanic" y tuve la alegría de conocer a su interprete principal, Leonardo DiCaprio. Conocí a Oprah. Mientras visitaba Nueva York, me presentaron al Cardenal O'Connor y al alcalde Rudy Giuliani. Y tuve el gran honor de conocer al Reverendo Jesse Jackson.

Pero aunque me divertí, y esos meses me han proporcionado toda una vida de recuerdos, nunca perdí mi concentración. Cuando llegué a Mesa en febrero de 1999, estaba listo para trabajar. Sabía que podía hacer mi trabajo porque lo había conseguido a pesar del escrutinio de la prensa que solamente otro jugador conocía tan bien como yo—Mark McGwire. Él ,al igual que yo, había hecho su trabajo en el verano y el otoño de 1998. La noche que disparé el imparable en San Diego, pude concentrarme a pesar de que la muchedumbre se levantaba y me ovacionaba cada vez que me acercaba a plato. Mientras que el número de reporteros seguían aumentando.

Soy muy decidido y puedo concentrarme intensamente para poder manejar estas situaciones. Sabía que lo podía volver a lograr en 1999.

Jeff Pentland:

Era increíble ver a Sammy, porque era presenciar la transformación de una persona. Y lo más importante es que el éxito de Sammy en el campo de juego es igual al que había conseguido emocionalmente. Sin duda su habilidad física era enorme, pero lo más importante fue la persona que se volvió. No deja que las pequeñas cosas le afecten—es mucho más grande que todo eso.

Dicho de otra forma, Sammy no se distrae por nada. Quiero decir que, evidentemente, distracciones tiene pero no permite que le causen ningún problema. Su prioridad es ser el mejor jugador que pueda ser. Además de su familia y su religión, nada es más importante que eso.

Y se nutrió de lo que le sucedió en 1998. Era su vida. Era su alimento. Estaba consumido por esto. Pasó por cimas y valles, pero hablábamos y entonces le veías salir y poner en práctica todo lo que acabábamos de discutir. Era increíble. Uno de los momentos que me hicieron sentir fantástico fue cuando los Indios de Cleveland vinieron a Chicago. Fue después de que hubiera disparado 20 imparables en junio. Durante una práctica de bateo antes de un partido, Sammy entró en la jaula y de repente tenía a 15 jugadores de los Indios a su alrededor mirándole. Opino que Cleveland tenía un equipo de béisbol con una buena ofensiva y aquí estaba Manny Ramirez y todos estos grandes bateadores rodeándole y diciendo cosas positivas de Sammy. Comentaban cuánto había cambiado, que su técnica era mucho mejor y su bateo más controlado.

Mirando atrás pienso que conseguir el respeto de los otros jugadores dominicanos fue lo máximo para Sammy. Luego, Manny Ramírez y algunos otros elogiaron a Sammy. Algunos se acercaron a mí y me dieron una palmada en la espalda. Por eso entrenas. No por el dinero, sino por momentos como estos.

Pero Sammy ya no precisa ayuda. Ha llegado. Ha aprendido mucho sobre sí mismo y sobre cómo pegar en general. En 1999, le escuchaba comentar sobre otros jugadores y sobre la forma en que pegaban. Creo que tiene confianza en sí mismo y los demás jugadores se están acercándose a él. Lo ven más como un líder.

Sammy:

Al comenzar el entrenamiento de primavera de 1999, aún quedaban muchas preguntas sobre Mark y yo. Mark dijo que 1998 no podía repetirse. Pero yo dije, ¿por qué no? Y empecé a disparar jonrones durante el entrenamiento de primavera.

Pero empecé la temporada despacio. Estaba jugando mi juego, pero la gente decía que decepcionaría. Pero siempre he pensado: no es cómo empiezo la temporada, sino cómo la termino. Hasta abril sólo había logrado 4 imparables. Pero en mayo, disparé 13. Ese mes también pegué un promedio de .321 con 27 carreras impulsadas y 26 carreras, ganando el premio al Mejor Jugador de la Liga Nacional del Mes por tercera vez en mi carrera.

Y en junio, pegué otros 13 imparables. A principio de julio, estaba de nuevo en posesión de 30 jonrones. Lo que me enorgullecía mucho. Y después de una década en el deporte, los aficionados me votaron, por primera vez, para el Juego de las Estrellas. Estaba entusiasmado por encabezar la lista de votaciones del béisbol. Durante ese partido en Boston, me enfrenté a mi compatriota Pedro Martínez. Lo había visto en la Liga Nacional cuando jugaba para los Expos, pero esta vez era diferente. Tenía un lanzamiento en curva y un dominio, increíbles. Puede ser el mejor lanzador con el que me he enfrentado en toda mi carrera. Y estar rodeado por el resto de las

Estrellas fue fascinante, porque había conseguido el respeto de mis compañeros.

Jeff Pentland:

Para mí, lo mejor de 1999 fue que Sammy pegaba consistentemente contra los mejores lanzadores del deporte. Eso era importante. Ahora podía pegar bien contra Randy Johnson, Kevin Brown y Curt Schilling. Podías mirar la lista y Sammy había jugado con ellos. Eso era muy especial.

Y lo que uno debe comprender es que como equipo, los Cachorros tuvieron un año tan malo en 1999 que casi nunca tuvimos que enfrentarnos a los lanzadores medios, que son los peores lanzadores del equipo.

Siempre estábamos enfrente de los abridores, los que hacían el juego y los que lo cerraban. Pero esto no afectó a Sammy. Como un bateador purista, adoró el hecho de que no sólo estaba pegando jonrones sino que había aumentado su promedio de bateo. Su habilidad para lograr anotar con hombres en las base es estupenda. Y se está convirtiendo en un tremendo bateador de dobles.

Sammy:

Disparé 10 imparables en julio aumentando mi total a 40 al principio de agosto. Mark también estaba disparando jonrones como el año anterior. Pero el país no estaba cautivado como en 1998 por que era la segunda vez para nosotros. Además, Jeff tiene razón. Tuvimos una temporada horrible en Chicago. Todas las esperanzas de 1998 se esfumaron con una temporada que recordaba a la de 1997 y 1994. Para empezar, Kerry Wood, nuestro novato estrella de la pasada temporada, se lesionó un brazo y perdió toda la temporada.

También tuvimos otros lesionados y además no jugamos bien. Como equipo todo parecía que nos salía mal. Y cuando terminó, habíamos perdido 95 partidos, un partido más que durante la nefasta temporada de 1997. Eso era duro de digerir porque después de alcanzar los juegos de postemporada el año anterior, quería disfrutar otra vez esa experiencia.

Durante agosto, estábamos perdiendo como equipo pero yo continuaba disparando imparables, 15 en total ese mes. Esos fueron el mayor número que logré en un solo mes de la temporada. Me sentía tan lleno de confianza en el plato y estaba tan convencido de lo que estaba haciendo. Disparé jonrones el 2 y el 4 de agosto. Luego conseguí uno el 9 de agosto, el 14 de agosto, 2 el 15 de agosto, uno el 16 de agosto, 2 más el 20 de agosto, 2 más el 21 de agosto, otro el 25 de agosto, otro el 26, el 29 de agosto y el 31 de agosto. Al comenzar septiembre tenía 55 imparables.

Jeff Pentland:

Creo que Sammy tuvo mejor año en 1999 que en 1998. Sobre todo por lo que les estaba pasando a los Cachorros. Como equipo, el año 1999 fue mucho peor que 1997. En el '97, no teníamos las figuras, teníamos algunos jugadores que no deberían haber estado allí. Era un pésimo equipo de los Cachorros. En el '99, no teníamos un mal equipo, pero las figuras que teníamos nos deberían haber permitido jugar mejor. Lo que consigues es un mal sabor de boca. Te toca un club que no es nada bueno. Los jugadores están todo el día regañando. El ambiente afecta a todos. Es difícil jugar en estas circunstancias.

Doy mucho crédito a Sammy por haber jugado como lo hizo. Lo que logró fue monumental.

Sammy:

Al retirarse mi amigo Michael Jordan, algunos empezaron a decir que yo era el deportista más importante de Chicago. Para ser franco, esto es algo en lo que ni pienso. Nunca iría por ahí diciendo: "Sí, yo soy la estrella". No es mi carácter pasearme por ahí diciendo estas cosas. Si la gente tiene algo bueno que decir agradezco sus palabras. Pero voy a seguir intentando ser humilde porque quiero que los muchachos vean este ejemplo. Es importante para mí.

Pero déjenme que les hable del último mes de la temporada. Disparé mi octavo jonrón en septiembre.Terminé con 63. Cuando disparé mi número 60 contra Jason Bere de los Cerveceros de Milwaukee en Wrigley Field, me convertí en el primer jugador en la historia de las Grandes Ligas en conseguir 60 jonrones en años consecutivos. Nosotros dos superamos los récords de Ruth y de Maris y lo que más me alegró fue que pegué el número 63 en San Luis en presencia del Presidente de la Republica Dominicana.

La gente me pregunta a menudo si me molestó que Mark disparara más jonrones que yo al final de la temporada. La respuesta es no. No me sentí mal. Me sentí orgulloso de lo que conseguí en el '99. Además no soy una persona celosa. No envidio a nadie. Mark se merece todo lo que ha logrado y nunca tendría celos de él. Y además, puede ser que algún día yo gane el Título de los Jonrones. Es lo que espero.

Jeff Pentland:

Sammy tropezó un poco al final, pero creo que se debía a que éramos muy malos. Y se entiende porque estábamos jugando fatal. Es probablemente una de las peores experiencias que me ha tocado vivir.

Sammy:

Nuestro juego en el '99 me decepcionó mucho. Fue un año malo. Después de la temporada despidieron a Jim Rigglemen como técnico y la directiva de los Cachorros contrató a Dan Baylor para reemplazarle. Cuando me llegaron estas noticias yo estaba de regreso en República Dominicana.

Esta postemporada ha sido diferente que la última. Aunque las solicitudes siguen llegando, he tratado de mantener mis compromisos al mínimo. En su lugar me he concentrado en mi fundación que sigue sirviendo a mi país. Y me entusiasma pensar que la construcción de mi nueva casa está a punto de concluirse.

El 12 de noviembre, para celebrar mi cumpleaños número 31, organicé una gran fiesta, una especie de inauguración de la casa donde mi familia y yo viviremos el resto de nuestras vidas. Quería organizar un gran festejo para celebrar estos dos últimos años.

Vino Donald Trump, también el Reverendo Jesse Jackson, el Presidente Fernández también estuvo allí al igual que Julio María Sanguinetti, el Presidente de Uruguay. Todo mi país lo celebró. Lo único que siento es no poder haber invitado a todo el mundo a mi casa.

El día de Navidad, estaba donde he estado todos lo años, en casa de mi madre con el resto de mi familia. Y en Año Nuevo, celebramos el nuevo milenio con ella.

En enero del 2000, estaba de nuevo trabajando duro, preparándome para la próxima temporada. Tengo la esperanza de que los Cachorros haremos todo lo posible por intentar ganar, porque eso es lo que más deseo: juntar un equipo que triunfe en el 2000 y más allá.

Por mi parte, estaré listo para la batalla, como siempre. Durante enero y febrero, viajaba tres veces por semana a San Pedro de Macorís, a entrenar con mi gente y a ponerme en forma para la temporada.

Cada vez que viajo, me encanta ver a mis viejos amigos como Héctor Peguero, quien me vio dar mis primeros pasos en el béisbol.

Héctor Peguero:

Cada vez que Sammy dispara un jonrón, es como si yo fuera el que lo estuviera disparando. Cada temporada, estoy con él cada paso del camino. Me siento así porque lo conozco hace mucho tiempo y a pesar de toda su fama sigue siendo la misma persona. Todavía viene a visitarnos y cuando charlamos es el de siempre. Sigue siendo Mikey.

Así que cuando está en Chicago descargando imparables, siento que soy yo el que los está descargando. Cuando alcanzó 63 en 1999 la gente me preguntaban por él, yo les decía: "Tengo 63 jonrones".

Omar Minaya:

Lo que más me enorgullece es cuando veo que Sammy es, como hispano, un buen ejemplo, alguien a quien emular. Re-

cientemente estaba en Washington D.C., en los pasillos del
Congreso y recuerdo que miré a mí alrededor y pensé: "Dios
mío, Sammy Sosa estuvo aquí y el Presidente lo hizo levan-
tarse y saludar".

Y después organizaron ese gran desfile en su honor en
Nueva York. ¿Cuántas veces ha pasado eso? ¿Cuántas veces
han abrazado los americanos a un extranjero de esa manera?
Sólo puedo pensar en otra persona: Nelson Mandela.

Domingo Dauhajre (el manager de Sammy):

Para nosotros los dominicanos, es un tesoro nacional. Repre-
senta lo mejor de nuestro país y por esta razón nuestra gente lo
quieren tanto. Él acepta esta responsabilidad con dignidad y,
aunque no tiene porque hacerlo, se siente obligado a devolver
algo. Estoy orgulloso de poderlo llamar mi amigo.

Jeff Pentland:

Por la forma en que se ha comportado y las grandes cosas
que ha hecho, creo que Sammy es en Chicago lo que fue Wal-
ter Payton y lo que es hoy Michael Jordan. Creo que Sammy
está ahí arriba con ellos.

Mireya Sosa:

Para mí Sammy es el de siempre. Y aunque estoy muy
orgullosa de todos sus logros como deportista, todavía estoy

más orgullosa de lo buen hijo, hermano, esposo y padre que es. Siempre me lleva cerca de su corazón, y él siempre estará cerca del mío.

Sammy:

¿Por qué regresar a San Pedro de Macorís? Para estar con mi gente. Eso es lo más bello que poseo. Jamás consideré el día cuando pudiera separarme de ellos porque una vez que has logrado cosas en tu vida no puedes olvidar quién eres.

Me encanta estar rodeado de mi gente. Hay personas que me respetan, que se preocupan por mí y que siempre me han apoyado. Ahora tengo toda esta fama, pero nunca me olvidaré de donde procedo.

Tengo tanta gente a quien darle las gracias, tanta gratitud por todo lo que tengo. Mi vida ha sido un viaje increíble lleno de amor. Estoy tan agradecido a la ciudad de Chicago, a los Cachorros de Chicago y a toda la gente maravillosa de Wrigley Field que tanto quiero. También estoy agradecido a Larry Himes y a Omar Minaya, Amado Dinzey y Jeff Pentland por creer en mí.

También agradezco el avance que hemos logrado los jugadores latinos en los últimos años. Hemos superado muchas dificultades y estoy fascinado por ver a Tony Pérez y, antes que él, Orlando Cepeda, admitido en el Salón de la Fama del Béisbol. Quizás algún día, yo mismo estaré en el Salón de la Fama. Ese es el sueño de todos los jugadores de pelota.

Mientras tanto, debo tanto al matrimonio Chase por apoyarme. A Domingo Dauhajre. A mi bella esposa Sonia y a mis hijos. Y a mis hermanos y hermanas porque siempre han ayudado. Pero más que nada, quiero dar las gracias a la persona que me trajo al mudo. La responsable de lo que hoy soy.

Cuando pienso en ella, se me llenan los ojos de lágrimas y se me llena el corazón de amor. Ella es la razón de todo lo que tengo. Y con su ejemplo, que uso como una guía, el mundo se me ha abierto de una forma que nunca pude haber imaginado.

Así en la temporada del 2000, con cada jonrón, continuaré haciendo lo que siempre he hecho: seguiré soplándole besos. Es lo menos que puedo hacer, es un símbolo de lo que significa para mí. Así que para finalizar esta historia, diré lo que tengo en mi corazón y lo que pienso cada vez que disparo un imparable: "Te quiero, mamá".

Gracias.

Nota Del Autor

Este libro se ha escrito principalmente a través de las palabras de Sammy Sosa y de las personas más importantes en su vida. El autor también quiere reconocer a los excelentes periodistas deportivos del *Chicago Tribune*, cuya cobertura de Sammy Sosa desde 1989, ha añadido peso, contexto y perspectiva a las memorias del señor Sosa y otras personas mencionadas en este libro.

Además, se han utilizado artículos de *Sporting News*, *Sports Illustrated* y de *Associated Press* para constatar fechas, juegos y estadísticas, así como la página web de los Cachorros de Chicago.

Reconocimientos

Quisiera dar las gracias a las siguientes personas: a Domingo Dauhajre; al técnico de bateo de los Cachorros, Jeff Pentland; a Lou Weis-
bach de Ha-Lo; a Marc Perman y Matt Bialer de la agencia William
Morris; y a la Dra Yanilka Morales.

—Sammy Sosa
marzo, 2000

Con infinita gratitud a mi editor, Rick Wolff, por haberme brindado la
oportunidad de escribir este libro y por su amabilidad, generosidad y
habilidad. Gracias también al mejor agente literario que existe: Peter
Sawyer de la agencia Fifi Oscard. Muchas gracias a: Bill Chase, Larry
Himes, Omar Minaya, Héctor Peguero, Amado Dizney y Jeff Pentland por compartir su tiempo y sus historias, que fueron tan importantes para este libro. En República Dominicana, mi agradecimiento
a Mario Peña que es "Mi Jugador Más Valioso" en la isla. Gracias a
Mireya Sosa, Domingo Dauhajre y Judy Corletto. Gracias a James
Meier y Steve Gietshier de *Sporting News* y a Dan Ambrosio. También estoy muy agradecido a mi gran amigo José Luis Villegas, a Joshn
du Lac y John Trotter.

Asimismo, a mis editores del *Sacramento Bee*: Rick Rodríguez,
Mort Saltzman, Tom Negrete, Joyce Terhaar y Bill Endicott. Y finalmente, muchas gracias a mi familia: mi padre, Reynaldo Bretón, mi
hermano Rod y su esposa Nina, mis suegros Allen y Mamie Wong, y
Erwin y Lisa Wong.

Este libro es, como todo lo que hago, un tributo a la memoria de mi
madre, Elodia Bretón Martínez. Como diría Sammy Sosa: "Mamá, te
quiero".

—Marcos Bretón